Pimentas
com suas Receitas

Nelusko Linguanotto Neto

Nelusko Linguanotto Neto
nelo@bombayfoodservice.com.br

Editora Boccato (Gourmet Brazil)
Rua dos Italianos, 845 – Bom Retiro – Cep 01131-000
São Paulo – SP – Brasil – (11) 3846-5141
www.boccato.com.br – www.cooklovers.com.br
contato@boccato.com.br

Editora Gaia LTDA.
(pertence ao grupo Global Editora e Distribuidora Ltda.)
Rua Pirapitingui, 111-A - Liberdade 01508-020
São Paulo - SP - Brasil (11) 3277-7999
www.globaleditora.com.br - gaia@editoragaia.com.br

Dados Internacionais de Catalogação na Publicação (CIP)
Câmara Brasileira do Livro, SP, Brasil

Linguanotto Neto, Nelusko
    Dicionário gastronômico: pimentas com suas receitas / Nelusko Linguanotto Neto. -– São Paulo: Gaia: Editora Boccato, 2007.
    164p.

    ISBN 978-85-7555-124-0

1. Culinária - Dicionários 2. Culinária (pimenta) - Dicionários I. Título.
07-2089   CDD-641.338203

Obra atualizada conforme o Novo Acordo Ortográfico da Língua Portuguesa

Índices para catálogo sistemático:
1. Pimenta: Culinária: Dicionários 641.338203

DICIONÁRIO GASTRONÔMICO
Pimentas
com suas Receitas

Nelusko Linguanotto Neto

Prólogo para uma "ardência no regaço"

Vamos direto ao ponto: "quem não gosta de pimenta, bom sujeito não é... É ruim da cabeça, ou doente do pé..."

Claro que a letra não é bem assim, mas como o samba de Dorival Caymmi, também a tal pimentinha é sucesso nacional e, mesmo quem não gosta dela, não faz alarde, por medo de ser malvisto e de declarar aí uma fraqueza – não do pé – mas da pança.

É certo que a pimenta hoje é até objeto de decoração. Vem em potes enormes e lindos, mas que não são pra abrir. São pra ver – e imaginar – coisas modernas, que deixam os cozinheiros endoidecidos, mas o que fazer? Eu mesmo sou do tempo em que ainda se ia ao restaurante para comer comida. Hoje, comem-se "conceitos", "ambientes", "food-designers", enfim, a danada da pimenta, além de dar sabor, encanta agora aos olhos e à alma, igual a comida moderna.

E é por isso, por remeter ao imaginário e aumentar seguidamente o repertório saborístico dos prazeres, que ela não é mais um simples ingrediente coadjuvante – foi até tema de novela – e tornou-se, por assim dizer, estrela de primeira grandeza, ainda que ninguém a coma sozinha.

Acontece que, independentemente do que ela provoca (refiro-me à popular "ardência no regaço"), pouca gente sabe de onde ela vem, quem descobriu seus usos e que nomes tem aqui e ali – informações indispensáveis pra pôr ordem na mesa, ou melhor, na garganta.

Eis que chega nosso Indiana Jones da gastronomia, meu querido amigo Nelusko Linguanotto Netto, que já nos brindou com a descoberta das especiarias no seu dicionário gastronômico e agora, não menos erudito e dicionariamente organizado, nos traz este compêndio inédito das malaguetas, das do-reino, das dedos-de-moças e das pretas, das rosas e de outros tantos exemplares diferentes e fortes. O leitor que se prepare para choques térmicos (e dos grandes).

E que bom que o Nelo – este é o seu carinhoso apelido – trouxe este livro para quem, como eu e a maioria dos mortais, só conhece a pimenta na hora de comer ou de cozinhar. Quer dizer "conhece" é forma de dizer, porque, falando sério, você "conhece alguém que realmente conhece pimenta"?

Agora, pode conhecer, sim: você mesmo! Basta ler direitinho este livro. E com direito até a lição de casa, porque, igual a caderno de exercícios de escola, no livro tem uma receita para cada tipo de pimenta.

E dá-lhe pimentas: 51 tipos pra ser mais exato e isso só pra ficar nas mais famosas. O que por si só já é difícil de compilar, dadas as variedades da mesma planta com sutis variações, mas com nomes diferentes em cada região.

Aliás, já começa no nome a diferença, porque hoje tudo é pimenta, mas não deveria ser... Acontece que Colombo bagunçou um pouco as coisas com aquela história de confundir a gente das Américas com a das Índias, e foi só confusão, pois o nome das bichinhas deveria ser só "tchilli" ou "chilli", em justo copyright para incas, maias, astecas e todos os povos pré-colombianos, inclusive os indígenas brasileiros, que nem imaginavam a Alca e o comércio exterior, mas já saíram perdendo nessa.

Se os tais descobridores fossem os italianos, talvez as pimentas ficassem melhor sendo batizadas de "diavoletto", como chegaram a ser chamadas na Itália esses "pequenos diabos" – justo e italianesco nome, para indicar a efervescência diabólica produzida em castas e frescas gargantas da nobreza europeia. Imagine só o efeito das "petit diables" em Versailhes...

Bom, aí que estamos no século 21 e nem sabemos que, aqui no Brasil, consumimos Tabasco® em potinhos americanos produzidos com a pimenta tabasco plantada no Ceará e exportada para lá, sabia? Pois veja só como é essa história e várias outras neste "pimentológico" catálogo de cores, tipos e ardências, com direito a termômetro e que vai enriquecer nosso vocabulário, nosso espírito gastronômico e dar as medidas das temperaturas das "marditas". Agora, que cada um cuide de si, que eu sei como é, pois já amarguei muito suor por não saber com antecedência!

André Boccato

Agradecimentos

Ao longo das pesquisas para a elaboração deste livro, estudiosos das pimentas e empresas contribuíram com o seu conhecimento para esclarecer dúvidas, sugerir temas e ceder imagens. A eles, meu muito obrigado.

Antônio Salatino, botânico e professor titular do Instituto de Biociências do Departamento de Botânica da Universidade de São Paulo, SP

Arlete Marchi Tavares de Melo, agrônoma e pesquisadora do Centro de Análise e Pesquisa Tecnológica do Agronegócio da Horticultura do Instituto Agronômico de Campinas, SP

Biblioteca do Instituto de Botânica, do Jardim Botânico de São Paulo, SP

Cláudia Silva da Costa Ribeiro, Gilmar Paulo Heinz, Luciano do Bem Bianchetti e Sabrina Isabel Costa de Carvalho, do Centro Nacional de Pesquisa de Hortaliças, da Empresa Brasileira de Pesquisa Agropecuária - EMBRAPA, DF, organizadora do livro "Capsicum – Pimentas e Pimentões no Brasil"

Sr. Luiz Prebianca, diretor geral Fuchs Gewürze do Brasil Ltda

Cristiane Gerazo, gerente/Tabasco® da América Latina

"Quero também agradecer ao grande número de pessoas que me escreveram, comentando sobre o livro Ervas & Especiarias e que serviram de incentivo para essa nova realização.

Ao meu pai, Nelusko Linguanotto Júnior, que mais uma vez atuou como especial conselheiro, à minha esposa, Gisele Linguanotto, com seu pungente otimismo, ao meu filho Sthefano Linguanotto, que apesar de ainda não gostar de pimenta, adora ver seu nome mencionado, e à minha mãe, Hebe Linguanotto, que está muito próxima nos protegendo.

Nelo Linguanotto

Sobre o autor

*T*alvez pela variedade de cores, sabores e picância, as pimentas sempre despertaram grande interesse. E também muitas dúvidas quanto à sua utilização, origem e possíveis efeitos.

Para nos ajudar a compreender melhor esses frutos tão apetitosos, Nelusko Linguanotto Neto elaborou uma obra indispensável a todos aqueles que desejam saber mais sobre as pimentas – desde os leigos até os aficcionados pelo assunto.

Paulista de origem italiana, Linguanotto tem 46 anos e circula pelo universo das ervas e especiarias desde a infância. As 14 anos, já trabalhava com o pai, seu grande mentor no assunto. Atualmente, é diretor-geral da Bombay Food Service, empresa que distribui alimentos para hotéis, restaurantes, cafés e outros estabelecimentos.

O desejo de escrever um livro específico sobre pimentas surgiu quando o autor estava elaborando o Dicionário Gastronômico de Ervas e Especiarias, lançado com grande sucesso em 2003. No decorrer do trabalho, ele notou que o tema "pimenta" era vasto demais e exigia uma obra exclusiva.

Agora, neste livro que você tem em mãos, Linguanotto reuniu todo o seu conhecimento sobre o tema, o que inclui as experiências e informações adquiridas nas suas viagens de estudo das especiarias, por diversos países e por todo o Brasil. O objetivo é ajudar o leitor a reconhecer e identificar algumas das principais pimentas e os seus produtos mais famosos.

O especialista garante que as pimentas podem ser consumidas por todos, inclusive pelas pessoas que apresentam maior sensibilidade à pungência do belo fruto. Basta seguir as dicas aqui contidas e abrir as portas para um universo de sabores exóticos e provocantes.

Sumário

Introdução 11

Cap. 1 - Pimentas no Brasil e no Mundo...........13

Cap. 2 - Decifrando as Espécies......................23

Capsicum annuum 25

Arbol...26

Caiena 28

Cereja 30

Fresno 32

Jalapeno 34

Mirasol 36

Mulata 38

Mushroom...40

Novo México 42

Peperoncino 44

Peter 46

Pimenta-de-Mesa 48

Pimentões...50

Piquin 56

Poblano 58

Serrano 60

Wax 62

Capsicum baccatum 65

Aji Amarelo 66

Cambuci 68

Cumari Verdadeira......................................70

Dedo-de-Moça..72

Peito-de-Moça 74

Pimenta Fina 76

Pitanga 78

Capsicum chinense 81

Cabacinha..82

Chora-Menino 84

Sumário

Cumari-do-Pará 86

Habanero 88

Murupi 90

Pimenta-de-Biquinho 92

Pimenta-de-Bode 94

Pimenta-de-Cheiro 96

Pimenta-de-Cheiro-do-Norte 98

Scotch Bonnet 100

Capsicum frutescens 103

Malagueta 104

Pimenta-de-Passarinho 106

Tabasco 108

Capsicum pubescens 111

Rocoto 112

Segredos de Mestre-Cuca com Capsicuns 115

Capsicuns em Diferentes Versões 119

Cap. 3 – A Família das Piperáceas 128

Cubeba 130

Pimenta-de-Folha 132

Pimenta Longa 134

Pimenta-do-Reino Branca 136

Pimenta-do-Reino Preta 138

Pimenta-do-Reino Rosa 140

Pimenta-do-Reino Verde 142

Cap. 4 – Falsas Pimentas 145

Fagara 146

Grãos-do-Paraíso 148

Jamaica 150

Pimenta-de-Macaco 152

Pimenta Rosa 154

Pimenta Síria 156

Pimenta-da-Tasmânia 158

Introdução

As pimentas sempre me fascinaram. Lembro-me dos almoços em família, que serviam de palco a uma velada disputa entre meu padrinho, Francisco Regino, e minha mãe, Hebe Linguanotto. Valendo-se de segredos centenários, ambos elaboravam deliciosas misturas de pimentas e apresentavam aos convivas seus potes de vidro e conteúdo multicolorido, formado pelas mais diversas pimentas, ervas e especiarias. A competição consistia em descobrir quem era o autor da receita mais forte. À plateia, atordoada, só restava gemer diante de competidores tão destemidos e das suas fortíssimas poções... E o odor que se desprendia dos potes era intenso o suficiente para que as crianças muitas vezes saíssem correndo da sala aos gritos – inclusive eu!

Hoje, em compensação, sou um grande consumidor de pimentas. Não me considero tão heroico quanto meu padrinho e minha mãe, mas tenho um interesse igualmente grande pela descoberta de novas variedades e combinações. Além disso, aquelas poções que me faziam correr, já não são secretas: eu não apenas descobri as suas fórmulas, como também desenvolvi novas receitas.

Todo o meu conhecimento sobre o assunto, ou pelo menos a maior parte dele, resulta daquilo que os meus parentes – e especialmente meu pai, Nelusko Linguanotto Júnior – me ensinaram ao longo do tempo. Inteligente e curioso, meu pai foi o responsável pelo desenvolvimento de vários processos e alternativas de uso para as pimentas. E é esse saber, somado ao resultado de uma árdua pesquisa, que compartilho com os leitores deste livro.

Atualmente, existem poucas publicações sobre pimentas, não apenas no mercado brasileiro, mas no mundo inteiro. Apesar disso, o número de aficionados pelo assunto cresce vertiginosamente, ao mesmo tempo em que se acentua a confusão quanto aos nomes e as origens das pimentas. Tenho um grande amigo australiano, Ian Hemphill, que é especialista em ervas, especiarias e pimentas. Ele costuma dizer que pimenta é o nome mais confuso jamais dado a um tempero, pois o mesmo termo designa uma variedade enorme de especiarias. E, de fato, eu pude constatar essa complexidade, primeiro, quando criei o Dicionário Gastronômico de Ervas e Especiarias e, agora, na elaboração deste Dicionário Gastronômico Pimentas com suas Receitas.

Nomenclatura

Enquanto eu fazia pesquisas para o meu livro anterior e também para o atual, esbarrei num verdadeiro caos de nomenclaturas. Em parte, o caos tem uma raiz histórica: até os séculos 15 e 16, a palavra pimenta servia tanto para designar a pimenta-do-reino, que vinha da Índia, quanto a chamada pimenta hortícola, que é nossa pimenta nativa. Isso sempre gerou confusões, que perduram até hoje.

Outra causa dessa miscelânea é que, com exceção de algumas poucas variedades conhecidas no mundo inteiro pelo mesmo nome – como jalapeno, malagueta, tabasco e scotch bounet –, as pimentas hortícolas quase sempre recebem denominações regionais, que não encontram tradução ou equivalência fora de seu meio nativo. Essa regionalidade deve-se a uma característica das pimentas do gênero Capsicum – ao qual pertencem as pimentas hortícolas e os pimentões –, as quais se intercruzam com extrema facilidade, dando origem a novas variedades, e também ao fato de que as suas características de cor, formato e grau de picância variam facilmente de acordo com o tipo de solo e clima.

Neste livro, três categorias amplas estão representadas: as Piperáceas (que inclui a família da pimenta-do-reino), as Capsicum (que engloba as pimentas hortícolas originárias da América do Sul, como a malagueta) e as falsas pimentas (que reúne sementes e bagas diversas, chamadas popularmente de pimenta).

Claro que não tenho nenhuma pretensão de esgotar o assunto neste livro. Afinal, o universo das pimentas é dinâmico e, no exato momento em que estou escrevendo estas linhas, uma nova variedade pode estar nascendo em algum lugar do mundo, ou sendo batizada com um novo nome regional.

Capítulo 1
Pimentas no Brasil e no Mundo

Hoje, passados pouco mais de 500 anos do descobrimento das Américas, um grupo nativo de hortaliças conquistou o mundo com seu colorido, ardor e beleza. Essas celebridades, que não estão na tevê e nem nos meios de comunicação, têm como grande atração as chamadas pimentas hortícolas – que atualmente dominam o comércio das especiarias picantes, tanto nos países tropicais quanto nos de clima temperado – e também os pimentões, que figuram entre as dez mais importantes hortaliças do mundo.

Cientificamente falando, são as variedades do gênero Capsicum, palavra que deriva do grego kapto e que significa picar. Presença obrigatória na culinária de quase todos os povos do planeta, as Capsicum pertencem à família das Solanáceas, da qual também fazem parte o tomate e a berinjela. Sua origem é a Bacia Amazônica e a diversidade é característica marcante do grupo.

Quase um vício

Dizer que alguém é "viciado" em pimenta pode ser uma expressão menos exagerada do que parece à primeira vista. Basta analisar o efeito que o ardor da pimenta provoca em nosso organismo para entender porquê quem a come com frequência tende a consumi-la em quantidades cada vez maiores. É que sua picância causa uma sensação semelhante à de uma queimadura, e o cérebro, para compensar o desconforto, libera a produção das chamadas endorfinas. Essas substâncias, liberadas também quando praticamos algum esporte, produzem uma ação analgésica prolongada e intenso bem-estar. Muitos as comparam a uma espécie de morfina natural e atribuem a elas a irresistível atração que as pimentas exercem sobre o paladar humano.

Um pouco de história

O gênero Capsicum só se tornou conhecido no chamado mundo civilizado a partir do século 15, graças ao descobrimento das Américas e à invasão do México pelos espanhóis. As grandes navegações, do período de 1492 a 1600, permitiram que as espécies picantes e doces de pimentas e pimentões viajassem o mundo. E, entre as muitas riquezas brasileiras levadas pelos portugueses para sua terra natal, incluíam-se as pimentas do tipo hortícola. Foram eles também que introduziram o plantio dessas espécies na África, onde se desenvolveram muito bem, e mais tarde na Ásia, onde encontraram enorme aceitação.

Elixir sagrado

Explorações arqueológicas realizadas no México indicam, porém, que as pimentas já eram usadas no continente americano por volta de 7.000 a.C. Há grandes probabilidades de que, ancestralmente, o uso desse tempero tivesse um caráter predominantemente ritualístico – o *tchocoatl*, por exemplo, obtido do fruto do cacaueiro e precursor do chocolate, era uma bebida fumegante e apimentada, consumida apenas por sacerdotes e nobres e ofertada aos deuses.

Anatomia da Pimenta

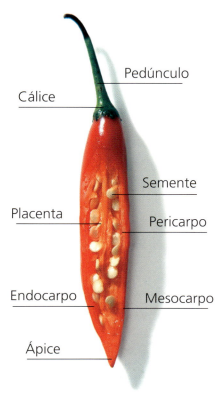

- Pedúnculo
- Cálice
- Semente
- Placenta
- Pericarpo
- Endocarpo
- Mesocarpo
- Ápice

A origem do nome

O termo *pimenta* vem do latim *pigmentum*, que significa pintar. Seu sentido original era o de matéria corante. Depois, passou a indicar uma especiaria aromática, para finalmente designar o fruto do Piper nigrum – a popularmente conhecida pimenta-do-reino. Hoje, no entanto, em muitos lugares é usado indistintamente, tanto para designar a pimenta-do-reino quanto para as pimentas do gênero Capsicum.

Pode-se dizer que Colombo foi um dos responsáveis por essa confusão de nomenclatura. Em 1492, quando se lançou à procura de novas rotas para as ilhas das especiarias, ele estava em busca da pimenta-do-reino. Mas não somente errou o destino, indo parar na ilha de San Salvador, no Caribe, como também entendeu que a picância presente nos pratos locais devia-se ao uso da pimenta-do-reino. Só com o tempo, percebeu-se que os frutos responsáveis pela agradável picância das receitas locais eram de outro tipo, mas aí a denominação de "pimenta" já estava difundida para designar também as variedades do gênero Capsicum, hoje ainda chamadas de pimentas hortícolas.

Já a palavra *chilli*, de origem asteca, serve para nomear os frutos do gênero Capsicum em vários países, entre os quais os Estados Unidos. Da mesma forma, o termo *aji* é usado, nos países andinos, para designar uma variedade, enquanto, no Brasil, consagrou-se o termo pimenta; em Portugal, malagueta; e na Hungria, páprica.

Moeda de troca

Quando os portugueses chegaram ao Brasil, diversas tribos indígenas já cultivavam uma grande variedade de pimentas. O alemão Hans Staden, que permaneceu entre os índios brasileiros de 1547 até 1555, fez relatos bem detalhados acerca do uso das pimentas pelos povos nativos, que a empregavam não apenas como tempero, mas também como moeda. Ele presenciou, por exemplo, a troca de pimentas por facas e machados trazidos pelos franceses. E, em 1814, o explorador francês Alexander Humboldt narrou que "as pimentas eram tão indispensáveis para os nativos quanto o sal para os brancos".

Produção e consumo

Apesar de a pimenta hortícola ser originária da Bacia Amazônica, a Índia, hoje, é o maior produtor mundial dessa especiaria, sendo que grande parte de sua safra destina-se ao consumo interno. Confira, a seguir, quem são os maiores produtores mundiais de Capsicum e também os seus principais consumidores:

As principais áreas plantadas no mundo (em acres)	
Índia	2.230.000
Etiópia	608.000
Coreia	331.000
México	204.000
Estados Unidos	125.000
Brasil	30.000

Principais consumos diários (per capita)	
Coreia do Sul	8 gramas
Tailândia	5 gramas
Índia	2,5 gramas
Europa	de 0,05 a 0,5 gramas

O Brasil não dispõe de estudos sobre o consumo local de pimentas, mas acredita-se que seja semelhante ao europeu, com acentuado predomínio nas regiões Norte e Nordeste do País.

Tesouros a descobrir

Atualmente, contam-se mais de 150 variedades de Capsicum catalogadas no mundo, todas derivadas de apenas cinco espécies consideradas domesticadas. Há também as espécies silvestres – aproximadamente 30 ou 40 – as quais, eventualmente, são usadas em cruzamentos para tornar os cultivos comerciais mais resistentes a doenças e pragas. Isso sem contar inúmeras outras variedades que os botânicos acreditam que sequer foram ainda descobertas, especialmente na Mata Atlântica brasileira.

Dica

Se, ao ingerir uma pimenta, você sentir um ardor desagradável, evite beber água. O líquido, em vez de ajudar, pode espalhar ainda mais a sensação ruim. O certo é levar um grande gole de creme de leite à boca, bochechar por um minuto e cuspi-lo. Se necessário, repita a operação. Você também pode substituir o creme de leite por sorvete, ou comer um pedaço de pão fresco, batata cozida ou arroz. Esses alimentos têm boa capacidade de absorção e ajudam a drenar a capsaicina, responsável pelo ardor das pimentas.

Ardência traduzida em números

Em 1912, o farmacologista Wilbur L. Scoville, funcionário do laboratório Parke Davis, desenvolveu um teste para determinar, com o máximo de precisão, o grau de pungência de cada variedade de Capsicum.

Nesse teste, denominado organoléptico, cinco pessoas analisam a solução obtida a partir de um peso exato de pimentas dissolvidas em álcool e diluídas em água e açúcar.

Quanto maior a picância da amostra, maior a necessidade de diluição, até que a picância deixe de ser sentida pelo paladar. Assim, se uma diluição necessita de 1.000 unidades de água para uma unidade de solução em álcool, a amostra indica uma picância de 1.000 unidades Scoville.

Apesar de um tanto subjetivo, até hoje, esse teste permanece como um dos mais bem aceitos mecanismos para determinar a ardência das pimentas.

Graus de picância

Existe ainda outra escala para determinar a ardência das pimentas. Denominada de escala de temperatura, ela foi criada por Julie Cohn. Nessa modalidade, as pimentas têm sua picância subjetivamente classificada como de 1 a 10. Os graus 8, 9 e 10 são reservados às espécies muito picantes; 4, 5 e 6 atribuem-se à pimentas de média ardência; e 1, 2 e 3 designam as variedades mais suaves.

A mais forte do mundo

Em agosto de 2.000, cientistas indianos reportaram o cultivo de uma nova pimenta da variedade Capsicum frutescens, nas colinas perto do Assamese central da cidade de Tezpur, na Índia. Essa pimenta foi considerada a mais forte do mundo, pois atingiu a incrível marca de 855 mil unidades Scoville. Existem planos para sua utilização em armas militares e de autodefesa.

Unidades Scoville	Variedades de Pimentas
100.000 – 500.000	habanero, scotch bonnet, bird's eye africana
50.000 – 100.000	santaka, rocoto, pimenta-de-bode
30.000 – 50.000	piquin, caiena, tabasco, malagueta, cumari-do-pará
15.000 – 30.000	arbol, calabresa
5.000 – 15.000	jalapeno, aji amarelo, serrano, molho de pimenta tabasco, pimenta-de-cheiro, dedo-de-moça
2.500 – 5.000	mirasol
1.500 – 2.500	sandia, cascavel, wax amarelo
1.000 – 1.500	ancho, pasilla
500 – 1.000	chilli em pó
100 – 500	cereja, páprica húngara
10 – 100	pimenta redonda
0	páprica, americana, cambuci, pimentão

Mitos, crenças e rituais

Não há dúvidas de que as pimentas são uma influência poderosa para a imaginação e, em praticamente todas as culturas, estão ligadas ao universo da magia – seja como talismãs contra o mal ou, inversamente, associadas a figuras demoníacas e a rituais das trevas. Os sacerdotes incas, por exemplo, utilizavam o chilli ritualisticamente – e, em algumas cerimônias (nos funerais, por exemplo), orientavam os participantes a guardarem um período de jejum desse tempero.

Essa dualidade aparece também na astrologia, onde elas estão associadas ao domínio de Marte, planeta que corresponde ao deus guerreiro da mitologia greco-romana. Seu elemento é o fogo, sua cor é o vermelho e seus atributos são liderança, disposição para a luta, coragem e iniciativa, mas também, belicosidade, irritação e intolerância.

Diversas crenças faziam e fazem parte também do cotidiano dos indígenas e populações rurais brasileiras. Pimentas em pó eram usadas por parteiras índias, mas nunca pelas gestantes. No entanto, costumava-se proteger as crianças recém-nascidas contra o mau-olhado, pendurando galhos de pimenteira em cruz acima do berço.

Cultuadas pimentas

E quem nunca ouviu falar no famoso olhar de seca-pimenteira? Diz-se isso de pessoas invejosas, cuja cobiça seria tão nociva ao ponto de secar as pimenteiras das casas alheias. Ainda é comum encontrar, nas entradas de residências e estabelecimentos comerciais, vasos com pimenteiras plantadas, com o intuito de afastar as más vibrações.

Verdadeiro alvo da adoração de aficcionados no mundo inteiro, as pimentas inspiraram, em 1997, o site www.sociedadetranscedentalcapsaicinofilica.com, que, em tom divertido, propõe um "culto às pimentas", com direito a cantos, rituais e muitas piadas sobre pessoas que não conseguem consumi-las. Eles ensinam até um "mantra contra a dor", para ser repetido silenciosamente enquanto se experimenta a queimação:

*"Ensina-me, pimenta, e eu irei aprender.
Pega-me, pimenta, e eu irei escapar.
Enfoca meus olhos, pimenta, e eu irei ver.
Consome mais pimenta!
Eu não sinto dor, a pimenta é meu mestre.
Eu não sinto dor, a pimenta me leva além de mim.
Eu não sinto dor, a pimenta dá-me o sinal".*

Tamanha diversidade entre as Capsicum é propiciada pela facilidade com que ocorrem cruzamentos entre os exemplares de uma mesma espécie e até de espécies diferentes. Quando esses cruzamentos acontecem, apenas a primeira geração é de sementes híbridas – ou seja, incapazes de se reproduzir. Depois, novos cruzamentos vão sendo estabelecidos, num processo lento e que tem nos insetos, principalmente nas abelhas melíferas, seu principal agente de diversificação. Além disso, as Capsicum pertencem a uma espécie de reprodução genética autógama (em que as flores são hermafroditas e se autofecundam).

Seleção de espécies

A domesticação de uma espécie se dá quando o homem interfere nesse processo de seleção natural. Nesse caso, ele define, de acordo com os seus interesses de cultivo, produtividade, qualidade e quais são as características que deseja perpetuar. E, assim, passa a selecionar sementes apenas das plantas em que essas caraterísticas ocorrem de forma mais nítida.

Atualmente, as variedades cultivadas que entram na categoria de espécies domesticadas são: Capsicum annum, Capsicum baccatum, Capsicum frutescens, Capsicum chinense e Capsicum pubescens. Outra variedade, de grande valor comercial no Brasil, é a cumari, uma espécie

Usos industriais

A indústria tem utilizado as Capsicum em diferentes aplicações. Na Europa, cerca de 70% da páprica produzida é destinada à indústria de carnes e embutidos. Os 30% restantes normalmente são transformados em insumos para salgadinhos, bebidas, cosméticos e produtos farmacêuticos. No Brasil, o tradicional emplastro *Sabiá*, que tem efeito analgésico para dores lombares e musculares, é feito à base de capsaicina, enquanto nos Estados Unidos, o creme *Zostrix*, indicado em casos de herpes zoster, distensões musculares e distúrbios articulares, também é obtido por meio de pimentas da família Capsicum.

Verdadeira arma

Os óleos essenciais extraídos de diversas pimentas são empregados ainda na fabricação de armas de defesa pessoal e de lubrificantes automotivos. O poder da capsicum oleoresina, por exemplo, é o que garante a eficiência dos famosos *sprays* de pimenta americanos, utilizados como armas de defesa pessoal. Enquanto o gás lacrimogênio surte pouco ou nenhum efeito quando usado contra pessoas que estejam alcoolizadas ou drogadas, um jato de *spray* de pimenta funciona em menos de 3 segundos. Nos Estados Unidos, esse recurso é usado até pela polícia especial, que dispõe de *sprays* com um grau de concentração do princípio ativo cinco vezes maior do que a versão vendida ao público.

silvestre, que pertence ao grupo Praetermissum. A classificação de uma pimenta em um ou outro grupo se dá pela análise de grau de pungência, coloração, tamanho e formato dos frutos, além do porte da planta.

Aceitação mundial

No Brasil, as pimentas são cultivadas igualmente nas regiões de clima quente e frio. E, nos últimos dez anos, vêm se firmando como item de grande importância, tanto na culinária quanto no comércio nacionais. Graças ao seu vasto território, nosso país oferece inúmeros espaços propícios ao plantio de pimentas diversas. Por isso, grandes empresas multinacionais já estão se dedicando a esse tipo de cultivo e promovendo a exportação das pimentas brasileiras para os Estados Unidos, a Alemanha, a China, o Japão e vários outros países.

Com suas cores, aromas e pungência, as pimentas aguçam os sentidos, estimulam o apetite e, em alguns casos, até beneficiam a saúde. Seu sucesso, portanto, está garantido nas mesas do mundo inteiro.

Boas para a saúde

Apesar de olhadas com desconfiança pelas pessoas de paladares mais sensíveis, as pimentas, juntamente com os pimentões, são ótimas aliadas da saúde. Longe de serem irritativas para o estômago, como reza o imaginário popular, elas têm efeito cicatrizante e bactericida, protegendo a mucosa estomacal. Também agem como adstringentes e ajudam a combater diarreias e vermes.

Suas propriedades benéficas já eram conhecidas dos árabes antigos e da medicina ayurvédica. E atualmente sabe-se que os seus altos teores vitamínicos as tornam ricas em propriedades antioxidantes e anti-inflamatórias. Seus principais nutrientes são o cálcio e as vitaminas A e C. Para se ter uma ideia, algumas variedades de pimentões fornecem até 340 miligramas de vitamina C, a cada 100 gramas de fruto, enquanto a mesma quantidade de laranja, por exemplo, possui apenas 41 miligramas de vitamina C.

Seus compostos vêm sendo estudados ainda no tratamento de câncer e do diabetes e já se sabe que são eficientes contra artrites e neuropatias. Um deles, a capsaicina, há tempos é usado com sucesso em emplastros contra dores articulares, como o tradicionalíssimo emplastro *Sabiá*. Para quem vive em lugares quentes, as pimentas também aumentam a perspiração, regulando a temperatura corporal. Aliás, uma ótima dica para quem for viajar de navio: inclua uma pimenta na bagagem e, no caso de enjoo, mastigue-a lentamente.

Lindas e decorativas

As pimentas ornamentais são variedades do gênero Capsicum que não possuem utilidade culinária. Geralmente dotadas de fraca picância – de 0 a 20 mil unidades Scoville –, elas perdem a coloração de maneira muito rápida durante o processo de cozimento. A maioria delas pertence às espécies baccatum, annum e chinenses. As duas primeiras se caracterizam por terem coloração arroxeada, com mesclas de amarelo e vermelho, enquanto as chinenses se destacam pelo formato redondo e pequeno. Embora todas elas se adaptem muito bem a vasos, tendem a ficar maiores e mais bonitas quando cultivadas em espaços amplos.

Capítulo 2

Decifrando as Espécies

Os critérios botânicos que distinguem as espécies de Capsicum não são simples. Por isso, mesmo pesquisadores renomados hesitam em se aprofundar demais em detalhes dessa classificação. Existem, no entanto, algumas características inerentes a cada espécie, o que permite uma identificação razoavelmente segura das centenas de variedades de pimentas.

Tomando como exemplo apenas as cinco espécies consideradas já domesticadas – ou seja, annuum, baccatum, chinense, frutecens e pubescens –, pode-se dizer que as sementes pretas ou escuras são características das Capsicum pubescens. Já as flores de pétalas predominantemente brancas ou com manchas amareladas e esverdeadas na base de cada lobo pertencem às Capsicum baccatum.

A ocorrência de uma única flor no período fértil, a qual apresenta pétalas totalmente brancas, ou com detalhes em púrpura ou violeta, é típica das pimentas da espécie Capsicum annuum. Frutos com várias cores e formatos, geralmente pendentes e com diâmetro superior a 10 mm, são característicos das pimentas Capsicum chinense. E, finalmente, os frutos sempre vermelhos, cônicos, eretos e de paredes delgadas, com menos de 1 mm de espessura, são da espécie Capsicum frutescens.

Nas páginas a seguir, você conhecerá mais detalhes sobre cada uma dessas espécies e exemplos das pimentas que as compõem.

Capsicum annuum

Engloba as principais variedades de Capsicum atualmente conhecidas e cultivadas no mundo inteiro. Tanto os populares pimentões quanto a maioria das pimentas ornamentais fazem parte da família. E, ao contrário do que indica o nome annuum – que significa anual –, suas plantas têm ciclos de colheita perenes. As flores são bastante semelhantes entre si, mas os frutos apresentam grande diversidade de cores, tamanhos e formatos.

Os botânicos acreditam que, originalmente, as plantas dessa família ocupavam os territórios que hoje correspondem a Bolívia, México e Sudeste brasileiro. Ainda em sua forma silvestre, elas teriam se espalhado por toda a América do Sul e Central, subindo até a divisa entre México e Estados Unidos. Milhares de anos mais tarde, descobertas pelos exploradores europeus e transportadas para diferentes países, foram domesticadas para cultivo e, ironicamente, refizeram o caminho de volta para o Novo Mundo – onde o uso das novas variedades também passou a prevalecer sobre as espécies nativas.

Suas variedades se intercruzam com extrema facilidade – registros apontam que astecas, mexicanos e espanhóis foram alguns dos povos que, ao longo dos séculos, promoveram os cruzamentos que hoje resultam em uma verdadeira miríade de exemplares de Capsicum annuum. Como saldo positivo dessa diversificação, as plantas dessa espécie são adaptáveis e de fácil disseminação. A contrapartida é a dificuldade de classificação daí decorrente. Apenas no México, por exemplo, há mais de 200 nomes para essas pimentas. No entanto, apenas 15 variedades são cultivadas comercialmente. Aliás, muito cultivadas: elas representam o maior cultivo extensivo de Capsicum na atualidade, com as maiores produções localizadas na Hungria, Índia, México, China e Coreia.

- Arbol
- Caiena
- Cereja
- Fresno
- Jalapeno
- Mirasol
- Mulata
- Mushroom
- Novo México
- Peperoncino
- Peter
- Pimenta-de-Mesa
- Pimentão
- Piquin
- Poblano
- Serrano
- Wax

Arbol
(Capsicum annuum)

Conhecida no México como bico-de-pássaro e rabo-de-rato, devido aos seus frutos alongados e pontiagudos, a arbol tem de 5 a 8 cm de comprimento e cerca de 0,8 cm de largura.

Seus frutos, quando maduros, apresentam coloração vermelha escura. A pungência dessa variedade situa-se entre 15 mil e 30 mil unidades Scoville, considerada média-alta, e corresponde a 7, na escala de temperatura.

Depois de desidratados e moídos, seus frutos são utilizados na composição do molho chilli. São também muito apreciados em cozidos e sopas.

Grau de Picância

Tamanho Médio: **6,5 cm**

Almôndegas Picantes ao Arbol

Ingredientes

1 tablete de caldo de camarão
1 cebola grande picada
2 pimentas arbol picadas
2 dentes de alho esmagados
1 colher (sopa) de sementes de coentro
1 colher (chá) de sementes de mostarda
450 g de carne bovina magra moída
2 colheres (chá) de molho de soja
1 colher (chá) de açúcar mascavo
suco de 1 limão
1 ovo pequeno batido
6 colheres (sopa) de farinha de trigo
óleo vegetal para fritar
sal
1 pimenta arbol para ornamentar
sambal de pimenta para servir

Modo de Preparo

Junte no processador o caldo de camarão, a cebola, as pimentas e o alho, processando-os até estarem bem picados. Reserve. Torre as sementes de coentro e de mostarda em uma frigideira seca durante 1 minuto para liberar o aroma. Coloque as sementes em um pilão e esmague-as. Coloque a carne em uma tigela grande. Misture a massa da cebola. Junte os condimentos moídos, o molho de soja, o açúcar mascavo, o suco de limão, o ovo batido e a farinha de trigo. Salgue a gosto.

Modele a massa de carne em bolinhas pequenas de tamanho igual e frite-as no óleo até ficarem firmes e douradas. Escorra as almôndegas em toalhas de papel e coloque-as em uma travessa aquecida. Fatie a pimenta arbol bem fininha e salpique-a sobre as almôndegas. Sirva com sambal, em uma molheira.

Sambal de Pimenta Arbol

Ingredientes: 450 g de pimenta arbol e 2 colheres (chá) de sal. *Modo de Preparo:* Ferva água em uma panela, adicione as pimentas sem sementes e deixe cozinhar entre 5 e 8 minutos. Escorra as pimentas e pique-as em tamanhos irregulares. Moa-as no processador de alimentos ou no liquidificador, evitando que a massa fique homogênea em excesso. Encha bem um pote de vidro com tampa de rosca, adicione sal e mexa. Sele com um pedaço de filme plástico transparente. Rosqueie a tampa e guarde no refrigerador. Aplique o condimento com uma colher inoxidável ou de plástico. **Dica:** Bom acompanhamento para salgadinhos, do tipo coxinha, quibe, entre outros.

Rendimento: 5 porções
Tempo de Preparo: 40 min.

Caiena
(Capsicum annuum)

A caiena, ou pimenta-vermelha, é comercializada em larga escala nos países da África, na Índia, no México, no Japão e nos Estados Unidos. Em Portugal, é chamada de piripiri e, nos Estados Unidos, de cayenne. Pode ser consumida fresca, ainda verde, mas é mais difundida na forma desidratada e moída – tanto que, erroneamente, seu nome virou sinônimo de pimenta seca e moída, sendo que, na maioria das vezes em que se fala em caiena, trata-se de malagueta seca e moída.

De formato alongado, que lembra uma meia-lua, a caiena possui superfície enrugada e, depois de madura, apresenta coloração vermelha. Seu comprimento varia de 13 a 25 cm, e sua largura, de 1,2 a 2,5 cm. Muito empregada na culinária cajun (típica de Nova Orleans) e em pratos à base de frutos do mar, tem pungência considerada alta: 8 na escala de temperatura e entre 30 mil e 50 mil unidades Scoville.

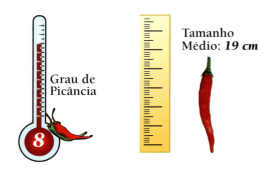

Grau de Picância: 8

Tamanho Médio: **19 cm**

Carne em Tiras com Pimenta Caiena

Ingredientes

500 g de alcatra
2 colheres (sopa) de molho de soja
2 colheres (sopa) de vinagre de arroz
2 colheres (chá) de açúcar mascavo
1/3 de xícara (chá) de óleo vegetal
1 cebola grande finamente fatiada
1 pedaço (2,5 cm) de gengibre ralado
1 cenoura cortada em palitos
3 pimentas caiena sem sementes e em tiras
sal e pimenta-do-reino moída
cebolinhas frescas para ornamentar

Modo de Preparo

Com uma faca afiada, fatie a carne em tirinhas finas. Em uma tigela, misture o molho de soja com o vinagre de arroz e o açúcar mascavo. Acrescente os filetes de carne e mexa bem, para que fiquem cobertos pelo molho. Cubra e deixe marinar em lugar fresco por 30 minutos.

Aqueça uma frigideira e coloque metade do óleo. Quando estiver quente, frite a cebola e o gengibre por 3 minutos, mexendo sempre. Remova-os com uma escumadeira e reserve. Coloque as cenouras e frite-as, mexendo por 4 minutos, até que estejam tenras. Passe para uma travessa e mantenha-as aquecidas.

Esquente o óleo restante na frigideira, acrescente a carne e o molho acompanhados pelas pimentas caiena. Deixe cozinhar por 2 minutos em fogo alto, mexendo continuamente. Adicione a cebola, o gengibre e a cenoura e frite-os novamente, mexendo por mais 1 minuto. Tempere com sal e pimenta-do-reino a gosto. Enfeite com cebolinhas e sirva.

Rendimento: 5 porções
Tempo de Preparo: 1 hora

Cereja
(Capsicum annuum)

De frutos pequenos, redondos e levemente achatados, essa pimenta é chamada de cherry, em língua inglesa. De cor verde ao nascer, torna-se vermelha brilhante quando amadurece. É largamente utilizada em picles, mas pode ser consumida fresca e picada em molhos. Sua pungência depende do local de cultivo, variando com tipo de solo, umidade e insolação. Fica entre 1 e 5 na escala de temperatura e registra de zero a 3,5 mil unidades na escala Scoville. Há uma variedade ornamental, denominada cereja-jerusalém, que é muito parecida com a de uso culinário, mas pode causar envenenamento e intoxicação. É preciso atenção na escolha, pois é perigosamente fácil confundi-las.

Grau de Picância

Tamanho Médio: **3,5 cm**

Pizza de Vegetais e Pimenta-Cereja

Ingredientes

2 pimentas-cereja

1/2 xícara (chá) de tomates secos em óleo, drenados

3 colheres (sopa) do óleo em que vieram os tomates secos

1 cebola picada

2 dentes de alho picados

1 lata de tomates picados (400 g)

1 colher (sopa) de purê de tomate

175 g de espinafre

1 base de pizza pronta com diâmetro de 25 cm a 30 cm

3/4 de xícara (chá) de ricota temperada e defumada, ralada

3/4 de xícara (chá) de queijo cheddar ralado

sal e pimenta-do-reino moída a gosto

Modo de Preparo

Corte as pimentas-cereja, abra-as e, com uma faca afiada, remova as sementes. Pique--as bem fino.

Aqueça em uma frigideira duas colheres (sopa) do óleo em que estavam os tomates secos, junte a cebola picada, o alho e as pimentas e deixe fritar em fogo baixo por cerca de 5 minutos, até as cebolas ficarem macias. Pique os tomates secos em tamanhos irregulares. Ponha-os na frigideira junto com os tomates em lata, o purê de tomates, o sal e a pimenta-do-reino. Por 15 minutos, deixe ferver em fogo brando.

Preaqueça o forno (220 °C). Retire os talos do espinafre e lave as folhas. Deixe escorrer bem e pique. Acrescente o espinafre ao molho e mexa devagar.

Deixe cozinhar, mexendo sempre, por mais 5 minutos até o espinafre murchar e desaparecer o excesso de umidade. Pincele a base da pizza com o óleo do tomate restante e, com uma colher, espalhe o molho. Jogue por cima os queijos e deixe assar por 15 a 20 minutos, ou pelo tempo indicado na embalagem da pizza para a massa ficar crocante e dourada. Sirva em seguida.

Rendimento: 4 porções
Tempo de Preparo: 1 hora

Fresno
(Capsicum annuum)

Também conhecida como pimenta-do-caribe e pimenta-cera, tem formato cônico e mede cerca de 5 cm de comprimento e tem entre 2,5 cm e 3,2 cm de largura. É bastante confundida com o jalapeno vermelho, apesar de serem de variedades diferentes.

Excelente para temperar escabeche, também pode ser grelhada e misturada a molhos. Com picância média-alta, atinge 6,5 na escala de temperatura e 10 mil unidades na escala Scoville.

Grau de Picância

Tamanho Médio: **5 cm**

Nozes Picantes ao Fresno

Ingredientes

3 colheres (sopa) de manteiga
3 dentes de alho amassados
1 colher (chá) de molho de pimenta vermelha
3 colheres (chá) de pimenta fresno picada
1 colher (chá) de sal
3 xícaras (chá) de nozes-pecã

Modo de Preparo

Em uma frigideira, coloque a manteiga, o alho, o molho de pimenta, a pimenta picada e o sal. Frite por 1 minuto.

Acrescente as nozes-pecã, mexendo bem, até que todas estejam envolvidas por esse molho.

Frite-as até dourar.

Dica: Ótimo acompanhamento para coquetel.

Rendimento: 6 porções
Tempo de Preparo: 15 min.

Jalapeno
(Capsicum annuum)

Ao lado do tabasco, é a pimenta mais popular da América do Norte e, no Brasil, é produzida nos estados de São Paulo, Minas Gerais e Goiás. Sua generosa polpa garante-lhe o lugar de melhor pimenta para a elaboração de molhos.

Os frutos, de paredes espessas, possuem formato cônico, com cerca de 5 cm a 8 cm de comprimento e 2,5 cm a 3 cm de largura. Antes de amadurecerem, apresentam coloração verde estriada de tons que variam de claro a escuro, tornando-se vermelhos depois de maduros – o mais comum, no entanto, é que seja consumida ainda verde.

De pungência média e aroma acentuado, pode ser consumida fresca ou processada na forma de molhos, conservas e desidratada (com frutos inteiros ou moídos). Quando seca e defumada, recebe o nome de chipotle. Sua picância chega a 5 na escala de temperatura e oscila entre 2,5 mil e 5 mil unidades Scoville.

Grau de Picância

Tamanho Médio: **6,5 cm**

Quiche de Cebola ao Jalapeno

Ingredientes

Massa
1 e 1/2 xícara (chá) de farinha de trigo / 1 e 1/4 colher (chá) de sal / 6 colheres (sopa) de manteiga fria / 6 colheres (sopa) de margarina fria / 1 pimenta jalapeno verde, bem picadinha / 2 a 4 colheres (sopa) de água gelada / feijões

Recheio
1 colher (sopa) de manteiga / 2 cebolas fatiadas / 4 cebolinhas cortadas em anéis / 1/2 colher (chá) de cominho moído / 2 colheres (sopa) de pimenta jalapeno verde cortada em rodelas / 3/4 de xícara (chá) de queijo cheddar ralado / 4 ovos / 1 e 1/4 de xícara (chá) de leite / 1/2 colher (chá) de sal / folhas de salsa para a guarnição

Modo de Preparo

Massa

Peneire a farinha e o sal em uma tigela. Amasse a manteiga e a margarina até a mistura virar uma farofa, acrescente a pimenta. Derrame 1 colher (sopa) de água gelada e misture até a massa ganhar consistência. Se a massa esfarelar-se muito, acrescente um pouco mais de água até obter a consistência desejada. Sove suavemente. Envolva em filme plástico e resfrie durante 30 minutos, pelo menos. Preaqueça o forno em 200 °C.

Abra a massa na espessura de 3 mm e forre, com ela, o fundo e as laterais de uma fôrma de torta canelada, de 23 cm de diâmetro e com base removível. Perfure a base da massa com um garfo, cubra-a com um papel-alumínio e disponha feijões sobre ela, para mantê-la lisinha e uniforme. Asse por 10 minutos até a massa começar a firmar. Retire do forno e remova o papel-alumínio e os feijões. Volte ao forno para dourar.

Recheio

Derreta a manteiga numa frigideira e cozinhe as cebolas em fogo médio até que fiquem macias. Junte as cebolinhas e cozinhe por mais 1 minuto. Misture o cominho e a pimenta jalapeno e mexa. Deixe esfriar. Misture o queijo, os ovos, o leite e o sal. Despeje a mistura obtida na fôrma. Deixe assar por 20 a 30 minutos até que o recheio esteja firme. Sirva frio ou quente, com guarnição de salsa.

Rendimento: 4 porções
Tempo de Preparo: 1 hora e 30 min.

Mirasol

(Capsicum annuum)

*E*sse nome, de origem espanhola, significa "olhando o sol" e provavelmente foi inspirado pelo formato dos frutos dessa pimenta – que são eretos, alongados e pontiagudos, com cerca de 10 cm de comprimento e 2 cm de largura. Madura, a mirasol é de cor vermelha escura.

Sua pungência é considerada mediana, atingindo 5 na escala de temperatura e até 5 mil unidades na Scoville. Os frutos, quando secos, são utilizados em molhos, carnes e pratos com milho. Moídos em flocos, valorizam temperos de sopas e ensopados.

Grau de Picância

Tamanho Médio: **10 cm**

Panquecas Recheadas com Abóbora e Mirasol

Ingredientes

Massa
1 xícara (chá) de farinha de trigo / 1/3 de xícara (chá) de farinha de milho / 1/2 colher (chá) de sal / 1/2 colher (chá) de pimenta-do-reino branca em pó / 2 ovos grandes / 2 xícaras (chá) de leite / 2 colheres (sopa) de manteiga

Recheio
2 colheres (sopa) de azeite / 450 g de abóbora sem casca e sem sementes, picada em cubos pequenos / 2 pimentas mirasol sem sementes / 2 alhos-porós grandes, cortados em fatias grossas / 1/2 colher (chá) de tomilho fresco picado / 2 pés de chicória, cortados em fatias grossas / 115 g de queijo de cabra cortado em cubinhos / 1 xícara (chá) de nozes ou nozes-pecã, picadas irregularmente / 2 colheres (sopa) de folhas de salsa picadas / sal / 1/3 de xícara (chá) de queijo parmesão ralado / 2 colheres (sopa) de manteiga

Modo de Preparo

Massa

Bata todos os ingredientes no liquidificador. Aqueça uma frigideira grande levemente untada com óleo e despeje quatro colheres (sopa) de massa na frigideira, inclinando-a para cobrir todo o fundo, formando a panqueca. Deixe cozinhar por 2 ou 3 minutos, até que fique firme e com coloração castanho-clara por baixo. Vire e deixe o outro lado cozinhar por mais 2 ou 3 minutos. Volte a untar levemente a frigideira a cada duas panquecas.

Recheio

Aqueça o azeite em uma panela grande. Coloque a abóbora e cozinhe, mexendo com frequência durante 10 minutos, até que fique quase tenra. Junte as pimentas mirasol e cozinhe, mexendo sempre, por mais 1 ou 2 minutos. Por fim, acrescente os alhos-porós e o tomilho e deixe cozinhar por outros 4 minutos. Adicione a chicória e deixe cozinhar, mexendo com frequência, por 4 ou 5 minutos, até que os alhos-porós fiquem cozidos e a chicória quente, mas ainda com textura firme. Equilibre o sal.

Resfrie um pouco e acrescente o queijo, as nozes e a salsinha enquanto mexe. Preaqueça o forno (200 °C) e unte de leve um refratário. Recheie cada uma das panquecas com três colheres (sopa) de recheio. Enrole as panquecas para cobrir o recheio e coloque-as na travessa. Salpique com parmesão. Derreta a manteiga e regue as panquecas. Deixe assar mais um pouco e sirva.

Rendimento: 6 porções
Tempo de Preparo: 1 hora

Mulata

(Capsicum annuum)

Conhecida também como *sweet purple pepper*, devido à sua interessante cor roxa, produz efeitos muito decorativos nos pratos.

Mede em torno de 2,5 cm de diâmetro e 5,5 cm de comprimento. Com sabor semelhante ao do pimentão, deve ser usada em saladas, crua ou grelhada. Bastante suave, apresenta baixa picância – entre 100 e 500 unidades na escala Scoville e de 0 a 1 na escala de temperatura.

É cultivada principalmente na Holanda e no Brasil, onde a produção concentra-se no interior de São Paulo.

Grau de Picância

Tamanho Médio: **5,5 cm**

Mexilhões em Molho de Pimenta Mulata

Ingredientes

1/4 de xícara (chá) de azeite

5 dentes de alho picados em pedaços grandes

500 g de mexilhões sem a concha

3/4 de xícara (chá) de pimentas mulata em tiras

1 colher (sobremesa) de pimenta dedo-de-moça em tiras

1/2 xícara (chá) de cebola picada

1/4 de colher (chá) de sal

2 colheres (sopa) de alcaparras drenadas

Modo de Preparo

Em uma frigideira grande, aqueça o azeite e junte o alho. Deixe fritar por cerca de 1 minuto, até dourar.

Acrescente os mexilhões, as pimentas, a cebola e o sal. Sem parar de mexer, cozinhe por 5 minutos, ou até que estejam macios e crocantes.

Adicione as alcaparras, enquanto mexe, e sirva imediatamente.

Rendimento: 5 porções
Tempo de Preparo: 15 min.

Mushroom

(Capsicum annuum)

Dona de uma linda cor amarelo-alaranjada, é bastante brilhante. Conhecida também por pimenta-cogumelo, devido a seu formato campanulado, mede em torno de 4,5 cm de diâmetro e 3 cm de comprimento.

É muito cultivada na Jamaica, onde os seus frutos desenvolvem maior pungência do que em outros países, como o Brasil. De modo geral, no entanto, ela apresenta picância suave, entre 5 mil e 15 mil unidades Scoville e entre 2 e 3 na escala de temperatura.

Grau de Picância

Tamanho Médio: **3 cm**

Torta de Queijo com Mushroom

Ingredientes

4 xícaras (chá) de *cottage*
massa pronta para torta
1 cebola pequena
3/4 de xícara (chá) de folhas de salsa
1/2 xícara (chá) de queijo parmesão ralado
3 colheres (sopa) de farinha de trigo
1 colher (chá) de suco de limão
1 colher (chá) de sal
1/2 colher (chá) de orégano seco picado
1/2 colher (chá) de cerefólio seco
4 ovos grandes
2 pimentas mushroom cortadas em anéis

Modo de Preparo

Coloque o *cottage* em um coador de café com filtro. Leve ao refrigerador e deixe dessorar durante a noite inteira. Jogue fora o soro. Preaqueça o forno em 230 °C. Forre o fundo e as laterais de uma assadeira de aro removível, com 23 cm de diâmetro, com a massa e fure-a com um garfo. Deixe assar por 8 minutos. Retire do forno e espere esfriar.

Diminua a temperatura do forno para 205 °C. Em um processador de alimentos, coloque o *cottage*, a cebola, a salsa, o parmesão, a farinha, o suco do limão, o sal, o orégano e o cerefólio, processando-os até ficarem homogêneos. Acrescente os ovos um a um e processe por outros 30 segundos.

Despeje a mistura na assadeira com a massa. Salpique a pimenta mushroom em anéis. Asse a torta por 10 minutos e então reduza o calor para 180 °C. Mantenha nessa temperatura até assar. Deixe em repouso por 15 minutos antes de servir.

Rendimento: 5 porções
Tempo de Preparo: 12 horas e 40 min.

Novo México
(Capsicum annuum)

Durante pelo menos um século, reinou a confusão sobre o nome correto dessa pimenta verde, de formato alongado e que, no outono, adquire coloração avermelhada. Isso aconteceu porque, embora a planta seja originária do Novo México (New Mexican, em inglês, nome pelo qual ela se tornou primeiramente conhecida), ela teve as suas sementes levadas, em meados do século passado, para a Califórnia (EUA), onde passou a ser chamada de anaheim. É excelente em molhos, cozidos e recheios. Grelhados, seus frutos produzem deliciosos sanduíches. E ela ainda pode ser recheada – resultando nos famosos rellenos.

Comercialmente, a pimenta anaheim também recebe as denominações numex eclipse – para as variedades de cor marrom escura – e numex sunset – para as de cor vermelho-alaranjada. Seu fruto mede de 15 cm a 25 cm e tem entre 3 cm e 5 cm de largura. A pungência das suas variedades oscila entre 100 e 10 mil unidades Scoville, mas a maioria situa-se na faixa de 500 a 2.500 unidades Scoville – o que corresponde a algo entre 2 e 4 na escala de temperatura.

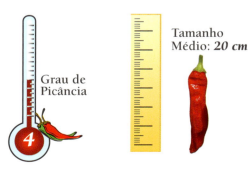

Pimentas Recheadas à Moda do Novo México

Ingredientes

4 pimentas novo méxico grandes com talos e sem sementes

450 g de queijo cheddar cortados em 4 bastõezinhos

3 colheres (sopa) de farinha de trigo e farinha para polvilhar

3 ovos grandes, com claras e gemas separadas

1 colher (sopa) de água

1/4 de colher (chá) de sal

óleo vegetal para fritar

Modo de Preparo

Faça um corte lateral de comprido em cada pimenta e recheie-as com os bastõezinhos de queijo. Polvilhe-as com farinha.

Em uma tigela, bata as claras em neve. Em outra, bata as gemas com a água, as três colheres (sopa) de farinha e o sal, até obter uma massa cremosa. Misture gemas e claras. Mergulhe rapidamente as pimentas na mistura. Em uma frigideira grande, aqueça, em fogo alto, uns 7 cm de óleo e frite as pimentas até ficarem castanho-douradas, virando-as uma vez.

Deixe cozinhar por cerca de 3 minutos de cada lado.

Rendimento: 4 porções
Tempo de Preparo: 40 min.

Peperoncino
(Capsicum annuum)

De formato e sabor muito próximos ao do pimentão, a peperoncino encontra larga aplicação na culinária italiana. Também é bastante popular nos Estados Unidos, onde, às vezes, recebe o nome de bell pepper, que também denomina alguns tipos de pimentões.

Ela é originária da região da Sicília e da Sardenha, na Itália, e seu nome constitui uma variação da palavra italiana pepperoni. Com uma picância muito suave – que oscila entre 100 e 500 unidades Scoville e 1 na escala de temperatura –, apresenta frutos maiores do que a dedo-de-moça e menores do que o pimentão, na marca dos 10 cm de comprimento e 2,5 cm de largura. Seu picles é muito famoso e sempre utiliza o fruto verde.

Grau de Picância

Tamanho Médio: **10 cm**

Bruschetta Alla Peperoncino

Ingredientes

6 pimentas peperoncino
1 xícara de vinagre de vinho branco
1 folha de louro
sal
pimenta-do-reino
tomilho fresco
16 fatias de pão italiano, cortadas com 1 cm de espessura
3 dentes de alho inteiros
16 fatias de presunto cru, do tipo parma
azeite de oliva extra-virgem

Modo de Preparo

Numa travessa funda, coloque os peperoncinos cortados em lâminas, sem sementes. Acrescente o vinagre de vinho branco, o louro, o tomilho, o sal e a pimenta-do-reino a gosto. Deixe marinar na geladeira, por 4 horas, no mínimo. Em seguida, despeje em uma peneira, para drenar.

Toste as fatias de pão em assadeira no forno, deixando o pão macio no meio. Esfregue nas fatias, ainda quentes, o alho, para que o sabor fique bem impregnado e, depois, cubra com uma camada de peperoncinos marinados.

Regue com azeite de oliva suficiente para penetrar nas fatias. Sirva cada uma delas com uma lâmina de presunto cru por cima.

Rendimento: 16 porções
Tempo de Preparo: 4 horas e 30 min.

Peter
(Capsicum annuum)

Também conhecido como *penis pepper*, quando maduro, esse fruto é belíssimo, adquirindo uma intensa tonalidade vermelha, muito brilhante. Tem de 7 cm a 9 cm de comprimento e 2,5 cm de largura. Em razão de sua aparência, é mais usada como ornamento do que como tempero.

Mas essa pimenta, de sabor adocicado, pode dar um toque especial a diferentes molhos. Sua forte picância oscila entre 30 mil e 40 mil unidades Scoville, e alcança a marca de 7,5 na escala de temperatura.

Grau de Picância

Tamanho Médio: **8 cm**

Bolinhos de Frutos do Mar ao Molho Peter

Ingredientes

Bolinhos
500 g de filé de peixe de carne branca e sem pele (pescada) / 125 g de camarões cozidos sem casca / 1 e 1/2 xícara (chá) de farinha de rosca / 2 ovos / 2 colheres (sopa) de salsinha fresca picada / 2 colheres (chá) de suco de limão / sal / 1 colher (chá) de pimenta Peter picada / 2 colheres (sopa) de óleo vegetal / óleo para fritar

Molho Peter
2 colheres (sopa) de óleo / 1 cebola média bem picadinha / 4 dentes de alho esmagados / 2 pimentas frescas Peter / 1/2 colher (chá) de cúrcuma / 2/3 de xícara (chá) de leite de coco / 6 tomates médios bem maduros e picados / sal

Modo de Preparo

Bolinhos
Pique bem o peixe e os camarões. Coloque-os em tigela, junte 1 xícara (chá) de farinha de rosca, 1 ovo, a salsinha, o suco de limão, o sal, o óleo e a pimenta. Misture bem e forme pequenos bolinhos. Passe-os no ovo restante batido, depois na farinha de rosca. Leve para gelar por 30 minutos. Reserve.

Molho Peter
Aqueça o óleo em uma panela, adicione a cebola e frite-a, mexendo bem, até ficar transparente. Acrescente o alho, as pimentas frescas, a cúrcuma e frite mais um pouco.

Junte o leite de coco, os tomates picados e o sal. Cozinhe mexendo de vez em quando, até engrossar.

Frite os bolinhos em óleo quente até dourarem, escorra bem e sirva com o molho.

Rendimento: 6 porções
Tempo de Preparo: 1 hora e 10 min.

Pimenta-de-Mesa
(Capsicum annuum)

Seus frutos, pequenos e eretos, têm forma triangular e apresentam coloração verde ou roxa (bem escura) antes de amadurecerem. Depois, tornam-se intensamente vermelhos. As flores geralmente são brancas, violetas ou roxas.

De picância baixa, atinge apenas 2 mil unidades Scoville e 3,5 pontos na escala de temperatura. É muito conhecida na região Oeste do estado de São Paulo, e largamente empregada em carnes, molhos e saladas.

Grau de Picância

Tamanho Médio: *3,5 cm*

Molho de Pimenta-de-Mesa para Fondue

Ingredientes

2 xícaras (chá) de abacaxi picado
1/2 xícara (chá) de água
1 colher (sopa) de azeite
2 colheres (sopa) de cebola ralada
2 pimentas-de-mesa amarelas ou vermelhas, picadas
1/2 colher (chá) de gengibre ralado
1 colher (chá) de açúcar mascavo
1 colher (sopa) de vinagre de vinho branco
1 pitada de cravo em pó
1 pitada de canela em pó
1 pitada de noz-moscada
1 colher (chá) de sal

Modo de Preparo

Coloque o abacaxi no liquidificador com a água e bata até ficar homogêneo. Reserve.

Em uma panela aqueça o azeite e frite a cebola, as pimentas-de-mesa e o gengibre. Acrescente o abacaxi batido, o açúcar mascavo, o vinagre, o cravo, a canela, a noz-moscada e o sal.

Deixe ferver por 3 minutos. Desligue e sirva com fondue de carne.

Dica: Substitua o abacaxi por maçã ou manga na mesma quantidade.

Rendimento: 5 porções
Tempo de Preparo: 30 min.

PIMENTAS COM SUAS RECEITAS

Pimentão
(Capsicum annuum)

Chamado de bell pepper *no idioma inglês e difundido no mundo inteiro, o pimentão está entre as dez hortaliças mais importantes do mercado brasileiro e tem presença marcante também na Hungria e na Espanha. Seus frutos têm formatos variados, lembrando quadrados, retângulos e, mais comumente, cones.*

Também a coloração é diversificada – vai do verde, passa pelo amarelo e adquire, na fase de maturação, belas tonalidades de alaranjado, vermelho, roxo e marrom-escuro. Seu índice de picância é zero, o que o torna ideal para o consumo em saladas, refogados, grelhados e recheados. Também é empregado em vinagretes, escabeches e patês. Na forma industrializada, é vendido desidratado (em flocos ou em pó), sem pele e curtido no azeite ou grelhado. A páprica doce, por exemplo, nada mais é do que pimentão desidratado e moído.

Dicionário Gastronômico

Pão com Pepperoni Tricolori

Ingredientes

2 ovos inteiros
50 g de fermento biológico
2 colheres (sobremesa) de açúcar
1 xícara (chá) de água morna
1/2 xícara (chá) de cerveja
1 colher (sopa) de sal
1/2 lata de creme de leite
1 xícara (chá) de leite
1/2 xícara (chá) de óleo de milho
1 e 1/2 kg de farinha de trigo, aproximadamente
1 pimentão amarelo
1 pimentão vermelho
1 pimentão verde
3 pitadas de bicarbonato de sódio

Modo de Preparo

Misture os ovos no fermento dissolvido no açúcar, acrescente a água morna, a cerveja, o sal, o creme de leite, o leite e o óleo, misturando tudo muito bem. Adicione aos poucos a farinha e sove bastante.

Corte a massa em três partes iguais. Bata no liquidificador cada pimentão cru com uma pitada de bicarbonato de sódio. Acrescente cada pimentão em uma parte de massa. Amasse bem, adicionando farinha, se necessário, para a massa soltar das mãos. Deixe crescer por aproximadamente 20 a 30 minutos.

Divida ao meio cada uma das três massas coloridas. Pegue uma parte de cada cor e faça rolos, trançando-os. Repita a operação com o restante da massa e leve para assar em uma fôrma grande para pão. Asse em forno médio (220 °C), durante 30 a 40 minutos.

Rendimento: 15 porções
Tempo de Preparo: 1 hora e 50 min.

Grau de Picância

Tamanho Médio: **12 cm**

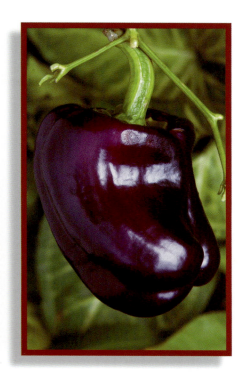

Terrina de Pimentão Roxo

Ingredientes

2 pimentões roxos grandes
2 colheres (sopa) de azeite de oliva
2 cebolas médias picadas
sal e pimenta-do-reino a gosto
1 xícara (café) de folhas de hortelã frescas
200 g de ricota amassada
1/2 xícara (chá) de queijo parmesão ralado
1 xícara (chá) de creme de leite fresco
2 ovos, com claras e gemas separadas
manteiga para untar

Modo de Preparo

Pincele os pimentões com 1 colher (sopa) de azeite, envolva-os em papel-alumínio e leve-os ao forno médio (220 °C) preaquecido, por 20 minutos. Retire-os do forno, deixe esfriar, elimine a pele, as sementes e corte-os em tiras. Refogue-os com o azeite restante e a cebola. Coloque sal e pimenta-do-reino a gosto e polvilhe a hortelã picada. Reserve uma pequena parte do pimentão e misture o restante com a ricota, o queijo ralado, o creme de leite e as gemas.

À parte, bata as claras em neve e incorpore-as ao creme de pimentão. Unte uma terrina com manteiga, despeje a mistura e cozinhe em banho-maria, em forno médio (220 °C) preaquecido, por cerca de 30 minutos. Retire do forno, deixe descansar e desenforme. Sirva essa terrina com o pimentão que ficou reservado.

Rendimento: 6 porções
Tempo de Preparo: 1 hora e 10 min.

Grau de Picância

Tamanho Médio: *12 cm*

Pimentão Verde Recheado ao Suco de Tomates

Ingredientes

4 pimentões verdes
3 colheres (sopa) de azeite de oliva
1/2 cebola picada
1/2 xícara (chá) de arroz cru
300 g de carne moída
1 xícara (chá) de salsa picada
3 e 1/2 xícaras (chá) de caldo de carne
sal a gosto
pimenta-do-reino em pó
2 latas de molho de tomates pronto

Modo de Preparo

Lave os pimentões e corte a tampa na parte superior, retirando as sementes e os pedúnculos. Reserve-os. Leve uma panela ao fogo, junte o azeite, a cebola e refogue.

Adicione o arroz e a carne moída, fritando-os até dourar. Acrescente a salsa, a pimenta-do-reino e o caldo de carne, misturando bem. Coloque mais sal, se necessário. Reduza o fogo, tampe a panela e cozinhe até o arroz ficar macio.

Distribua o recheio nos pimentões e cubra-os com as tampas reservadas. Disponha-os em uma panela, cobrindo-os até a metade com o molho de tomates e leve-os para cozinhar, até ficarem macios.

Rendimento: 4 porções
Tempo de Preparo: 1 hora

Grau de Picância

Tamanho Médio: *12 cm*

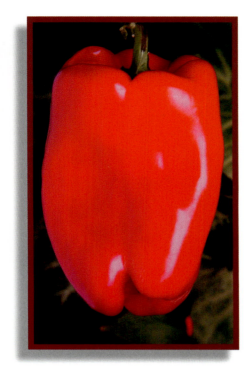

Musseline de Pimentão Vermelho

Ingredientes

500 g de pimentões vermelhos sem pele, cortados em pedaços

3 dentes de alho picados

1 cebola média cortada em pedaços

2 colheres (sopa) de azeite de oliva

1/2 xícara (chá) de vinho branco seco

1/2 tablete de caldo de galinha dissolvido em 1 xícara (chá) de água quente

10 fatias de pão de forma sem casca, cortadas em pedaços

sal a gosto

Modo de Preparo

Em uma panela média, refogue o pimentão, juntamente com o alho e a cebola, no azeite de oliva, mexendo de vez em quando, até a cebola ficar macia.

Acrescente o vinho, misture e deixe evaporar (cerca de 5 a 6 minutos). Junte o caldo de galinha, o pão e o sal. Misture bem e coloque para cozinhar, mexendo sempre, até o pimentão ficar macio.

Coloque a mistura no processador e bata até obter um purê homogêneo. Sirva como acompanhamento para carne bovina, de porco ou de coelho.

Rendimento: 12 porções
Tempo de Preparo: 30 min.

Tamanho Médio: *12 cm*

Grau de Picância: 0

Piquin
(Capsicum annuum)

É conhecida também como pequin, e ambos os termos derivam da palavra espanhola **pequeño**. Na forma silvestre, é chamada ainda por chiltepin e, popularmente, ganhou inúmeros outros nomes, como pimenta-mosquito, pimenta-passarinho e pimenta-brava.

De alta pungência – registra entre 40 mil e 70 mil unidades Scoville, e 8 a 9 na escala de temperatura –, imprime intensa picância aos pratos e com muita rapidez. Na natureza, seus frutos medem de 0,6 cm a 1,3 cm, tanto de comprimento quanto de largura, embora o fruto cultivado possa atingir até 3 cm de comprimento. É considerada a melhor pimenta para sopas, lentilhas, feijões e ervilhas. Seus frutos, verdes, são comumente usados também no preparo de escabeches.

Grau de Picância

Tamanho Médio: *1 cm*

Chilli Piquin com Carne

Ingredientes

Carne: 2 colheres (sopa) de óleo de girassol / 1 cebola grande picada / 2 dentes de alho bem picados / 1 pimenta piquin sem pele e sem sementes / 1 kg de carne bovina moída / 1 colher (sopa) de farinha de trigo / 1 xícara (chá) de vinho tinto seco (200 ml) / 1 xícara (chá) de caldo de carne (200 ml) / 2 colheres (sopa) de purê de tomate / sal

Feijão: 2 colheres (sopa) de azeite / 1 cebola picada / 1 pimenta piquin sem pele e sem sementes picada / 500 g de feijão vermelho cozido e escorrido / 1 lata de tomates picados (400 g) / 1/2 colher (chá) de sal

Cobertura: 6 tomates sem pele e sem sementes picados / 1 pimenta piquin cortada / 2 colheres (sopa) de cebolinha picada / 1 colher (chá) de cominho em pó

Montagem: salgadinhos de milho para acompanhar

Modo de Preparo

Carne

Aqueça o óleo em uma panela grande, junte a cebola e o alho, refogando até ficarem macios – mas sem deixar dourar – e acrescente a pimenta piquin. Polvilhe a carne com a farinha de trigo e reserve. Com uma escumadeira, retire a cebola, o alho e a pimenta piquin da panela e reserve. Coloque a carne na panela e cozinhe em fogo alto até ficar dourada. Misture a cebola, o alho e a pimenta reservadas, o vinho, o caldo de carne, o purê de tomate e o sal. Deixe ferver, reduza a chama e mantenha em fogo baixo por 30 minutos, ou até que a carne esteja macia.

Feijão

Aqueça o azeite em uma frigideira e refogue a cebola e a pimenta até ficarem tenras. Adicione, mexendo, o feijão, os tomates e o sal, deixando-os cozinhar em fogo brando, por 20 minutos.

Cobertura

Em uma tigela, misture os tomates, a pimenta, a cebolinha e o cominho.

Montagem

Misture o feijão com a carne e duas colheres (sopa) da cobertura. Coloque essa mistura em uma travessa redonda e espalhe a cobertura sobre ela. Coloque a travessa em um prato grande e distribua os salgadinhos de milho ao redor do prato.

Rendimento: 10 porções
Tempo de Preparo: 1 hora e 30 min.

PIMENTAS COM SUAS RECEITAS

Poblano
(Capsicum annuum)

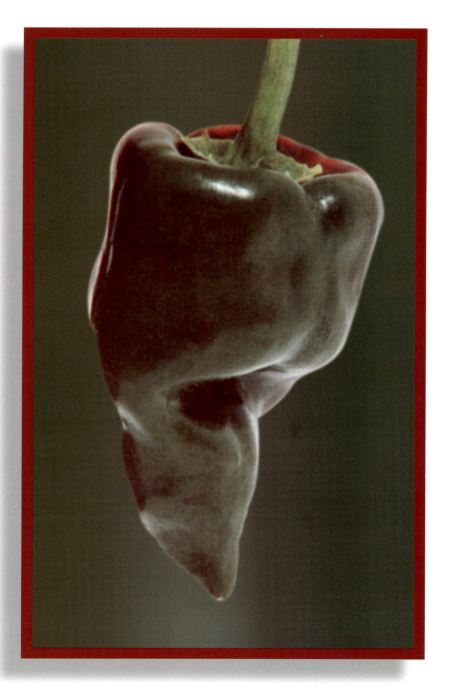

*E*m sua forma desidratada, a pimenta poblano é conhecida pelo nome de ancho. É a pimenta seca mais consumida no México. Seus frutos, de tonalidades variáveis entre o vermelho-tijolo e o acaju, podem adquirir um tom alaranjado quando expostos à luz.

O termo ancho – que significa largo em espanhol – faz alusão às dimensões do fruto dessa pimenta, cujo comprimento varia de 10 cm a 13 cm, e a largura fica em média de 8 cm.

O ideal é que seu fruto, quando seco, seja bem flexível e exale um forte aroma, levemente frutal, que remeta a cerejas silvestres. Sua pungência é baixa, situando-se entre 1.000 e 1.500 unidades Scoville e 3 na escala de temperatura.

Grau de Picância

Tamanho Médio: **11,5 cm**

Arroz Poblano com Especiarias

Ingredientes

1 xícara (chá) de lentilha
20 pistilos de açafrão
2 abobrinhas médias
1/2 tablete de manteiga sem sal (100 g)
2 cebolas médias bem batidinhas
2 xícaras (chá) de arroz parboilizado
1 colher (chá) de canela em pó
1 colher (chá) de cominho em pó
1 xícara (chá) de amêndoas sem pele em lascas
20 damascos secos e doces cortados em tiras
1 xícara (chá) de folhas frescas de coentro
2 pimentas poblano picadas
sal

Modo de Preparo

Deixe a lentilha de molho em água quente por 15 minutos, escorra e reserve. Coloque os pistilos de açafrão em seis xícaras (chá) de água fervente e reserve. Retire uma casca fina da abobrinha e descarte a parte das sementes.

Corte o restante em cubos pequenos. Aqueça uma colher (sopa) de manteiga e refogue por uns minutinhos a abobrinha, coloque sal.

Aqueça o restante da manteiga e refogue nela a cebola. Quando começar a dourar, adicione o arroz e a lentilha e frite-os. Junte a água de açafrão, as especiarias e o sal, cozinhando até a água secar e o arroz atingir o ponto desejado.

Desligue o fogo, junte as abobrinhas, tampe a panela e deixe repousar por 5 minutos. Então, adicione as frutas secas, o coentro picado e as pimentas poblano. Misture e sirva.

Rendimento: 10 porções
Tempo de Preparo: 50 min.

Serrano
(Capsicum annuum)

Originária do México, é também conhecida como pimenta-verde, pois geralmente é consumida antes de seus frutos atingirem a maturidade. Sua cor varia do verde-claro ao verde-escuro, mas, depois de maduros, os frutos tornam-se vermelhos, marrons, alaranjados ou amarelos.

É excelente em molhos para acompanhar frutos do mar, carnes e aves. De formato alongado, mede de 5 a 10 cm de comprimento e 1 cm de largura. Sua pungência é considerada mediana: entre 10 mil e 23 mil em unidades Scoville e de 6 a 7 na escala de temperatura.

Grau de Picância

Tamanho Médio: **7,5 cm**

Couve-Flor Serrano

Ingredientes

1 cebola pequena
1 lima
1 couve-flor média
1 lata de tomates pelados (400 g)
4 pimentas serrano sem sementes e bem picadas
1/4 de colher (chá) de açúcar granulado
sal a gosto
75 g de queijo feta picado
salsa picada para a guarnição

Modo de Preparo

Pique bem a cebola e a coloque em uma tigela. Descasque a lima e corte a casca em tiras finas e compridas. Misture à cebola picada. Corte a lima na metade, esprema seu suco e o acrescente à cebola e às tiras da casca. Deixe em descanso para que o suco vá amolecendo a cebola. Separe as florzinhas do buquê da couve-flor. Ponha os tomates em uma panela e junte as pimentas e o açúcar. Aqueça em fogo baixo.

Enquanto isso, coloque uma panela de água para ferver, acrescente as florzinhas da couve-flor e cozinhe devagar, por 5 a 8 minutos, até ficarem tenras. Junte a mistura de cebola picada ao molho de tomate com sal a gosto. Mexa e aqueça. Separe cerca de um terço do molho em uma travessa. Disponha as florzinhas escorridas da couve-flor sobre o molho e, com uma colher, despeje o restante do molho por cima. Esparrame o queijo feta, que vai amolecer um pouco, no contato com o calor. Sirva imediatamente com a salsa picada.

Rendimento: 6 porções
Tempo de Preparo: 40 min.

Wax
(Capsicum annuum)

Os frutos dessa pimenta são extremamente brilhantes – daí, a origem de seu nome, já que wax significa cerosa, em inglês. O tamanho varia bastante, entre 9 e 13 cm de comprimento, com 4 cm de largura. Sua coloração inicial é amarela, mas depois ela se torna alaranjada e finalmente adquire um tom vermelho.

De pungência extremamente variável, pode ser muito suave ou atingir notas altas nas escalas de picância. Tanto que seus exemplares oscilam de mil a 50 mil unidades Scoville e registram de 3 a 8 na escala de temperatura.

É muito apreciada em picles, mas também pode ser utilizada em molhos ou saladas frescas e recheada com creme de queijo.

Grau de Picância
8

Tamanho Médio: **11 cm**

Guacamole ao Wax Picante

Ingredientes

1 abacate de tamanho médio maduro
1 colher (sopa) de suco de limão
2 tomates maduros e firmes
2 cebolas roxas médias
1 dente de alho
1 colher (sopa) de salsa picada
1 pimenta wax de tamanho médio e bem picada
sal a gosto

Modo de Preparo

Corte o abacate, retirando o caroço e amasse com um garfo. Junte o suco de limão, misture bem e reserve.

Retire as peles e as sementes dos tomates e corte-os em cubos pequenos, junte as cebolas e o dente de alho também picadinhos. Junte tudo ao abacate, misture bem, tempere com a salsa, a pimenta wax e sal a gosto.

Deixe na geladeira até o momento de servir, regando com um fio de azeite. Sirva sobre torradas ou como molho para saladas.

Rendimento: 8 porções
Tempo de Preparo: 30 min.

Capsicum baccatum

O termo baccatum significa algo semelhante a uma baga e reflete bem o formato dos pequenos frutos dessa família de pimentas, as quais, nos países de língua espanhola da América Latina, são chamadas de aji.

Originárias da América do Sul, mais especificamente da Bolívia e do Peru, as variedades dessa espécie têm pungência suave e hoje são cultivadas também na Argentina, Colômbia, Equador e Brasil, além de terem sido introduzidas na Costa Rica, na Índia e nos Estados Unidos.

As primeiras evidências arqueológicas, que apontam para sua domesticação, datam de 2.500 a.C., no Peru. Ali, um vasto material encontrado no sítio arqueológico de Huaca Prieta revela que as pimentas da família Capsicum baccatum passaram por sucessivos aprimoramentos no seio das civilizações pré-incaicas. Entre as melhorias obtidas, está o aumento do tamanho dos frutos, que gradualmente se tornaram estáveis.

Mesmo domesticadas, no entanto, elas ainda apresentam ampla diversidade quanto às formas e aos tamanhos das suas bagas. De maneira geral, as plantas de tal família são altas, podendo atingir até 1,5 m de altura, podendo ter múltiplos caules, que tendem a se espalhar. Suas folhas — largas e de tonalidade verde escura — medem cerca de 18 cm de comprimento por 10 cm de largura.

- Aji Amarelo
- Cambuci
- Cumari Verdadeira
- Dedo-de-Moça
- Peito-de-Moça
- Pimenta Fina
- Pitanga

Aji Amarelo
(Capsicum baccatum)

Embora o termo aji seja amplamente utilizado na América Latina (com exceção do Brasil), para designar diferentes tipos de pimentas, o correto seria empregá-lo apenas para se referir às plantas da família Capsicum baccatum. Nos países andinos, é conhecida por aji amarilo.

Seus frutos, em geral, são amarelos (daí, sua denominação), mas também podem ter cor vermelha-alaranjada. De formato fino, medem entre 7 cm e 12 cm de comprimento e têm 1,5 cm de diâmetro. Seu sabor lembra o de uma fruta tropical, com um leve toque de amoras. Vendida fresca ou seca, pode ser usada em molhos, ensopados e picles (escabeche). Sua picância, alta, oscila entre 30 mil e 50 mil unidades Scoville e apresenta variação de 7 a 8 na escala de temperatura.

Grau de Picância

Tamanho Médio: **9,5 cm**

Peixe no Vapor ao Sabor do Aji Amarelo

Ingredientes

4 postas de cação
sal e pimenta-do-reino a gosto
1/2 xícara (chá) de folhas de hortelã picadas
4 dentes de alho esmagados
1 colher (chá) de cominho em pó
2 pimentas aji amarelo picadas
6 colheres (chá) de suco de limão
1/4 de xícara (chá) de vinagre de maçã
1 colher (sopa) de óleo
folhas frescas de hortelã

Modo de Preparo

Lave as postas de cação e disponha cada uma delas no centro de um quadrado de papel-alumínio, com 30 cm de lado. Tempere o peixe com o sal e a pimenta-do-reino.

À parte, misture a hortelã, o alho, o cominho, as pimentas aji amarelo picadas e o suco de limão. Coloque 1/4 da mistura em cada posta. Dobre as laterais para fechar completamente – se achar necessário, amarre os pacotes.

Despeje o vinagre, o óleo e água suficiente para forrar o fundo de uma panela e adicione as folhas de hortelã. Cozinhe os pacotes de peixe nesse vapor por 12 a 15 minutos ou até as lascas da carne do peixe se soltarem facilmente. Abra os pacotes e sirva.

Rendimento: 4 porções
Tempo de Preparo: 40 min.

Cambuci
(Capsicum baccatum)

*F*ácil de identificar, essa pimenta ostenta frutos de tamanho mediano, com cerca de 4 cm de comprimento por 7 cm largura. Devido à forma de campânula, é chamada também de chapéu-de-frade. Sua cor amarela-alaranjada torna-a bastante atrativa.

Sem pungência alguma, é considerada de sabor adocicado pelos apreciadores de pimentas. Pode ser consumida fresca, em saladas, cozidos ou conservas.

Grau de Picância

Tamanho Médio: **4 cm**

Pimentas Relleño Cambuci

Ingredientes

Molho
1/4 de xícara (chá) de óleo vegetal / 2 cebolas trituradas / 2 tomates verdes esmagados / 1/2 xícara (chá) de água / 1/4 de colher (chá) de orégano seco / 2 colheres (sopa) de coentro picado / sal / pimenta-do-reino branca

Pimentas
6 pimentas cambuci, sem sementes ou talos / 370 g de queijo curado, cortado em seis pedaços iguais / 5 colheres (sopa) de manteiga / 1/3 de xícara (chá) de óleo vegetal

Montagem
6 tortillas pequenas de milho / 6 ovos mexidos / 1 pé de alface picado / 1 abacate fatiado / 200 g de queijo cheddar ralado

Modo de Preparo

Molho
Aqueça o óleo em uma panela, em fogo médio. Despeje as cebolas e deixe cozinhar por cerca de 5 minutos, mexendo até que fiquem tenras. Acrescente os tomates, a água, o orégano e o coentro. Aumente o fogo para alto e espere os tomates ficarem totalmente cozidos. Salpique sal e pimenta-do-reino branca e reserve.

Pimentas
Abra as pimentas com cuidado, recheie com 1 fatia de queijo curado e reserve. Em uma frigideira grande, derreta a manteiga em fogo médio, acrescente o óleo e eleve o fogo para temperatura alta.

Junte as pimentas e deixe-as cozinhar até estarem douradas – cerca de 3 minutos –, virando-as uma vez. Retire do óleo, deixe escorrer sobre papel-toalha e coloque em uma travessa.

Montagem
Mergulhe as tortillas rapidamente no óleo e separe-as num prato. Coloque uma pimenta sobre cada tortilla e, em seguida, uma colherada do molho e uma porção dos ovos mexidos. Enfeite os pratos com a alface, as fatias de abacate e o queijo ralado.

Rendimento: 6 porções
Tempo de Preparo: 50 min.

Cumari Verdadeira
(Capsicum baccatum)

Conhecida também pelos nomes de cumbari e comari, é encontrada apenas no Brasil, onde seu consumo vem crescendo ano a ano. É bastante popular no Sudeste brasileiro, onde a colhem ainda verde, em tempo de evitar que os pássaros devorem seus pequenos e deliciosos frutos, de forma redonda ou ovalada.

Embora ainda seja tida como uma variedade silvestre, uma demanda crescente pelo seu consumo vem motivando algumas plantações experimentais, que brevemente podem dar origem a cultivos extensivos. Bastante empregada em molhos, cozidos e marinados, tem picância média – entre 30 mil e 50 mil unidades na escala Scoville e 8 na escala de temperatura.

Grau de Picância

Tamanho Médio: *1 cm*

Pilaf de Ervilhas ao Molho de Pimenta Cumari

Ingredientes

1 e 1/2 xícara (chá) de trigo para quibe
2 xícaras (chá) de água fervente
2 xícaras (chá) de ervilhas frescas cozidas com sal
1/2 xícara (chá) cebolinhas verdes picadas
1/2 xícara (chá) de coentro fresco picado
1/2 xícara (chá) de azeite de oliva
3 colheres (sopa) de suco de limão
1 colher (sopa) de cominho moído
1/2 colher (sopa) de cúrcuma em pó
6 pimentas cumari sem polpa
sal a gosto

Modo de Preparo

Coloque o trigo para quibe em uma travessa grande e cubra-o com a água fervente. Tampe a travessa e deixe em repouso por 2 horas.

Depois, passe o trigo para uma peneira fina e deixe escorrer por 15 minutos. Coloque em uma tigela e vá adicionando os demais ingredientes, deixando as pimentas por último.

Transfira essa mistura para uma travessa de servir e deixe em repouso por mais alguns minutos.

Sirva em temperatura ambiente.

Rendimento: 10 porções
Tempo de Preparo: 2 horas e 20 min.

Dedo-de-Moça

(Capsicum baccatum)

É uma das pimentas mais consumidas no Brasil, principalmente nas regiões Sul e Sudeste do País, onde também recebe os nomes de chifre-de-veado e de pimenta vermelha. Quando seca e picada, é conhecida ainda como pimenta calabresa. Na natureza, seus frutos, alongados e intensamente vermelhos, medem entre 6,5 cm e 8 cm e têm de 1 cm a 1,5 cm de largura.

Sua picância, que varia de suave a mediana, torna-a adequada para o tempero de azeitonas e de molhos em geral. Consumida também em saladas e cozidos (geralmente acompanhada de azeite e sal), pode ser adicionada ao feijão ou servir de acompanhamento a diversos aperitivos. Na escala Scoville, sua pungência oscila de 5 mil a 15 mil unidades, com variação de 5 a 6 na escala de temperatura.

Grau de Picância

Tamanho Médio: **7,5 cm**

Trufas de Chocolate com Pimenta Dedo-de-Moça

Ingredientes

1 e 1/2 tablete de chocolate ao leite picado (300 g)

1/2 lata de creme de leite sem soro

1 colher (sopa) de essência de baunilha

2 pimentas dedo-de-moça sem sementes, picadas em pedaços pequenos

1 e 1/2 tablete de chocolate meio-amargo picado (300 g)

2 colheres (sopa) de chocolate em pó

Modo de Preparo

Coloque em uma tigela de vidro de bordas altas, o chocolate ao leite e o creme de leite e leve ao banho-maria. Antes que a água comece a ferver, desligue o fogo e mexa o creme de leite e o chocolate até formar uma mistura homogênea. Retire a tigela do banho-maria e adicione a baunilha e as pimentas dedo-de-moça em pedaços. Espere esfriar e cubra com filme plástico, levando à geladeira por 8 horas.

Retire a massa da geladeira, faça bolinhas com o auxílio de uma colher de chá e reserve.

Despeje o chocolate meio-amargo em uma tigela de bordas altas e leve ao banho-maria. Desligue o fogo antes que a água comece a ferver e vá mexendo o chocolate até derretê-lo por completo. Retire a tigela do banho-maria e despeje a massa de chocolate sobre uma pedra lisa. Com uma espátula, vá mexendo até que o chocolate esfrie o suficiente para não queimar os lábios.

Volte essa massa de chocolate para a tigela e mergulhe cada bolinha reservada. Para retirá-las use um garfo e deixe-as secar sobre papel-alumínio. Para uma secagem mais rápida, leve à geladeira por 5 minutos. Em seguida, polvilhe com o chocolate em pó peneirado e coloque em forminhas de papel.

Rendimento: 20 unidades
Tempo de Preparo: 1 hora

Peito-de-Moça

(Capsicum baccatum)

Bastante popular na região Centro-Oeste do Brasil, essa pimenta apresenta forma triangular e mede cerca de 3,5 cm, com largura de 2,5 cm (em sua extremidade maior). Quando madura, adquire coloração vermelha brilhante.

De picância mediana, atinge 10 mil unidades Scoville e de 5 a 6 na escala de temperatura. Pode ser consumida em saladas, molhos, cozidos e no feijão. Graças a seu belo formato, é muito usada para decorar diferentes pratos.

Grau de Picância

Tamanho Médio: **3,5 cm**

Molho de Pimenta Peito-de-Moça para Ostras

Ingredientes

1 kg de ostras cruas
1/4 de xícara (chá) de vinagre de arroz
4 colheres (sopa) de azeite
1 colher (chá) de gengibre ralado
2 colheres (sopa) de cebola ralada
1 colher (chá) de sal
1/2 colher (chá) de açúcar
1 colher (sopa) de folhas de coentro fresco picado
2 colheres (sobremesa) de pimentas peito-de-moça picadas, sem sementes

Modo de Preparo

Misture todos os ingredientes e coloque dentro das ostras na hora de servir.

Rendimento: 4 porções
Tempo de Preparo: 15 min.

Pimenta Fina

(Capsicum baccatum)

Seus frutos são alongados e apresentam uma leve protuberância na parte inferior. Lembram bastante a pimenta dedo-de-moça, mas com tamanho menor e sabor mais picante.

Consumida preferencialmente madura, quando atinge a cor vermelha, apresenta alta pungência: entre 30 mil e 50 mil unidades na escala Scoville e 8 na escala de temperatura. Pode ser empregada em saladas, cozidos e como tempero de feijão.

Grau de Picância

Tamanho Médio: **5 cm**

Molho Maravilhoso de Pimenta Fina

Ingredientes

300 g de pimenta fina cortada em tiras
1/2 xícara (chá) de azeite
1/2 xícara (chá) de vinagre balsâmico
1/2 xícara (chá) de mel
sal a gosto

Modo de Preparo

Frite a pimenta fina no azeite, acrescente o vinagre balsâmico e deixe ferver por 2 minutos. Salgue a gosto e retire do fogo. Acrescente o mel e misture bem.

Sirva como molho para pratos frios ou aquecidos, no acompanhamento de assados.

Rendimento: 15 porções
Tempo de Preparo: 20 min.

Pitanga
(Capsicum baccatum)

De frutos arredondados, cor vermelha e estrias laterais, lembra a fruta que lhe empresta o nome. Apesar de bastante conhecida no Centro-Oeste brasileiro, ainda é pouco consumida – para sorte de inúmeros pássaros, que a adoram.

Mede entre 2 cm e 3 cm de diâmetro e atinge até 2 cm de comprimento. Pode ser utilizada em caldos e ensopados de peixe. Sua picância fica entre 15 mil e 30 mil unidades Scoville, variando de 5 a 6 na escala de temperatura.

Grau de Picância

Tamanho Médio: **2,5 cm**

Chutney de Pimenta Pitanga

Ingredientes

20 pimentas pitanga cortadas em quatro partes
2 xícaras (chá) de açúcar
1 colher (sopa) de orégano
1 colher (chá) de cominho em pó
1 dente de alho picado
1 cebola média cortada em tiras
2/3 de xícara (chá) de vinagre de maçã
sal a gosto

Modo de Preparo

Retire as sementes e os veios brancos das pimentas. Coloque em uma panela, acrescente os demais ingredientes e leve ao fogo, deixando cozinhar lentamente por 20 minutos. Sirva esse *chutney* como acompanhamento frio em antepastos ou aquecido em carnes.

Dica: Se preferir um *chutney* mais suave, diminua a quantidade de pimentas e equilibre a mistura acrescentando uma cebola para cada pimenta a menos.

Rendimento: 15 porções
Tempo de Preparo: 40 min.

Capsicum chinense

Apesar do nome – que significa originária da China –, essa espécie é típica da Bacia Amazônica. Um exemplar da baga de suas plantas, datado de 6.500 anos, foi encontrado intacto na caverna Guitarrero, no Peru, e há indícios de que as primeiras pimentas encontradas pelos exploradores do Novo Mundo pertenciam a essa espécie. Apesar disso, elas são bem menos conhecidas do que as pimentas da variedade annuum.

Geralmente, as pimentas da família Capsicum chinense são associadas ao nome habanero. Só que habanero é apenas uma vagem originária da península de Yucátan, no México, e a família Capsicum chinense, dotada de uma linda e expressiva multiplicidade de formatos e cores de frutos, apresenta mais de 40 outras variedades. Algumas são grandes como um limão, outras, pequenas como uma noz ou do tamanho de um grão de trigo.

Sua principal característica morfológica é a presença de uma constrição anelar localizada entre o cálice e o pedúnculo. E o grau de picância dos seus frutos varia da mais suave até a mais forte, podendo atingir 500 mil unidades Scoville.

- Cabacinha
- Chora-Menino
- Cumari-do-Pará
- Habanero
- Murupi
- Pimenta-de-Biquinho
- Pimenta-de-Bode
- Pimenta-de-Cheiro
- Pimenta-de-Cheiro-do-Norte
- Scotch Bonnet

Cabacinha

(Capsicum chinense)

Muito conhecida em algumas regiões do Brasil, especialmente no interior de São Paulo e no Sul de Minas Gerais, essa pimenta, que alguns chamam de fidalga, adquire uma bela cor alaranjada quando está madura. Apresenta formato campanulado, com 4 cm de comprimento e cerca de 1,5 cm a 2,5 cm de largura.

Picante, atinge 50 mil unidades Scoville e 8 pontos na escala de temperatura. É muito utilizada em molhos e em saladas. Por sua bela cor, formato exótico e aroma agradável, também é bastante apreciada na decoração de pratos.

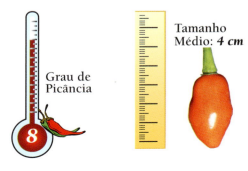

Batatas à Cabacinha

Ingredientes

450 g de batatas pequenas
1 colher (chá) de cúrcuma
1 colher (chá) de óleo vegetal
2 pimentas cabacinha sem sementes e picadinhas
3 folhas de louro
2 cebolas médias bem picadas
1 xícara (chá) de folhas de coentro picadas de modo irregular
1/4 de colher (chá) de assa-fétida
1 pitada de cominho em pó
1 pitada de mostarda em pó
1 colher (café) de sementes de erva-doce
suco de limão à vontade
sal a gosto

Modo de Preparo

Pique as batatas em cubos pequenos. Ferva uma água levemente salgada e junte as batatas com metade da cúrcuma. Cozinhe até estarem tenras. Escorra e reserve. Aqueça o óleo em uma panela grande e frite as pimentas cabacinha e as folhas de louro, até as pimentas começarem a tostar. Acrescente as cebolas, o coentro, a cúrcuma restante, a assa-fétida e as demais especiarias e cozinhe tudo, mexendo até as cebolas ficarem tenras.

Vá despejando aos poucos as batatas e adicione algumas gotas de água. Cozinhe em fogo brando por cerca de 10 minutos, mexendo devagar, para que as batatas absorvam as especiarias. Sirva as batatas quentes, espremendo o suco do limão por cima e temperando com sal.

Rendimento: 6 porções
Tempo de Preparo: 1 hora

Chora-Menino

(Capsicum chinense)

Seu fruto arredondado e de cor amarela chama a atenção pelo tamanho generoso – mede entre 3 cm e 4 cm de diâmetro e atinge até 5 cm de comprimento. Sua picância apresenta uma característica curiosa: é imperceptível num primeiro momento, mas alguns minutos após a degustação, manifesta um forte ardor.

Mais conhecida na região do Nordeste brasileiro, especialmente na Bahia, costuma ser usada em saladas, peixes, caldos e sopas. Sua pungência situa-se entre 30 mil e 50 mil unidades Scoville e de 7 a 8 na escala de temperatura.

Grau de Picância

Tamanho Médio: **5 cm**

Pastéis Chora-Menino

Ingredientes

Massa
2 xícaras (chá) de farinha de trigo / 1 colher rasa (sopa) de açúcar / 1/2 colher (chá) de sal / 2 colheres (sopa) de manteiga gelada / 1 gema / 1/2 xícara (chá) de água gelada / 2 colheres (sopa) de gordura vegetal hidrogenada gelada / 1 colher (sopa) de vinagre de vinho branco

Recheio
1 colher (café) de alho picado / 2 colheres (sobremesa) de manteiga / 150 g de cogumelos shimeji / 1/4 de xícara (chá) de saquê / 3 colheres (sopa) de shoyu / 1 pitada de sal / 2 pimentas chora-menino sem sementes e picadas / 1 colher (sobremesa) de curry / 2 colheres (sopa) de farinha de trigo / 3/4 de xícara (chá) de leite / 1 maçã verde ralada / suco de meio limão

Modo de Preparo

Massa
Em uma tigela, coloque a farinha, o açúcar, o sal, a manteiga e a gordura vegetal cortadas em cubos e bem geladas. Misture tudo muito bem. Reserve. Misture a gema e o vinagre na água gelada. Coloque essa mistura na farofa e amasse levemente. Abra a massa com rolo no formato retangular e dobre em três partes. Passe o rolo ligeiramente, embrulhe em filme plástico e leve para refrigerar por 30 minutos.

Recheio
Frite o alho na manteiga e acrescente o shimeji. Acrescente o saquê, o shoyu e o sal, deixe cozinhar por 3 minutos e junte as pimentas. Reserve. Adicione o curry e a farinha de trigo dissolvida no leite, mexendo sempre. Reserve. Rale a maçã, esprema e adicione o suco de limão. Reserve. Abra a massa em forma de discos e, sobre cada um, coloque 1 colher (chá) de recheio e de maçã ralada. Feche os pastéis apertando com um garfo e frite em óleo bem quente.

Rendimento: 20 unidades
Tempo de Preparo: 50 min.

Cumari-do-Pará

(Capsicum chinense)

Também conhecida como cumari-amarela e pimenta-de-
-cheiro, costuma ser confundida com a cumari verdadeira, a
qual, inclusive, pertence a outra família – a das Baccatum. Com
frutos triangulares, que medem 3 cm de comprimento por 1 cm
de largura, torna-se amarela ao amadurecer.

Aromática e muito picante, apresenta um grau de pungência em
torno de 50 mil unidades Scoville e 8 na escala de temperatura.
É bastante utilizada em conservas.

Grau de Picância

Tamanho Médio: **3 cm**

Cumari-do-Pará em Risoto

Ingredientes

4 colheres (sopa) de óleo
1 cebola pequena bem picada
2 pimentas cumari-do-pará sem sementes e bem picadas
1/4 de xícara (chá) de coentro
1 xícara (chá) de cebolinha verde picada
2 e 1/2 xícaras (chá) de caldo de legumes
1 e 3/4 de xícara (chá) de arroz
sal a gosto
3 e 1/2 xícaras (chá) de cogumelos sortidos fatiados em pedaços grossos
1/2 xícara (chá) de castanhas-de-caju picadas e torradas

Modo de Preparo

Aqueça metade do óleo em uma panela e frite a cebola e as pimentas em fogo baixo, mexendo aos poucos, até ficarem macias, mas não escuras. Separe as folhas de coentro dos talos e passe, pelo processador, os talos do coentro e metade da cebolinha, junto com o caldo de legumes.

Junte o arroz às cebolas e frite-os em fogo baixo, mexendo bem. Despeje a mistura do caldo e acrescente sal. Ao levantar fervura, mexa e reduza o fogo ao mínimo. Tampe a panela e cozinhe por 15 a 20 minutos, até que todo o líquido seja absorvido pelo arroz. Retire do fogo. Ponha um pano de prato limpo, dobrado, sobre a panela aberta e feche-a bem com a tampa. Deixe descansar por 10 minutos. O pano absorverá o vapor, enquanto o arroz vai amaciando.

Nesse intervalo, aqueça o óleo restante em uma frigideira e cozinhe os cogumelos por 5 a 6 minutos, até ficarem macios e dourados. Acrescente a cebolinha restante e cozinhe por mais 1 minuto. Misture os cogumelos fatiados sortidos, as pimentas cumari-do-pará e as folhas picadas de coentro no arroz cozido. Passe para uma travessa aquecida e sirva em seguida, salpicando com as castanhas de caju.

Rendimento: 6 porções
Tempo de Preparo: 1 hora

Habanero
(Capsicum chinense)

Os frutos dessa variedade podem ser encontrados em diversas cores: do verde escuro ao alaranjado, e do laranja-avermelhado ao vermelho intenso depois de maduros. Sua forma lembra um lampião, com mais ou menos 5 cm de comprimento e de 3 cm a 4 cm de diâmetro. A palavra habanero significa de havana, e essa variedade é muito difundida na Península de Yucátan, no México. É a pimenta mais picante de que se tem conhecimento, sendo de trinta a cinquenta vezes mais forte do que o jalapeno. Por isso, é bom ter cuidado ao manuseá-la, para evitar irritações nos olhos e nos dedos.

Apesar da forte picância, seu sabor único e as cores intensas combinam perfeitamente com pratos à base de tomates. Quando maduro, o fruto torna-se levemente doce, e as nuanças frutais se acentuam. Tende a ser muito confundida com a scotch bonnet, da qual difere basicamente no formato. É muito usada em molhos, chutneys, marinados de frutos do mar e picles (escabeche). Seu grau de picância atinge 500 mil unidades Scoville e 10 pontos na escala de temperatura.

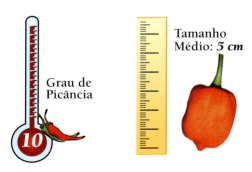

Porco à Habanero

Ingredientes

Assado
1 peça de 1,3 kg de pernil de porco com osso

Marinada
2 pimentas habanero sem talos ou sementes
2 xícaras (chá) de caldo de galinha
1 cebola média picada
3 dentes de alho picados
3 colheres (sopa) de óleo vegetal
1/2 colher (chá) de cominho moído
1/2 colher (chá) de orégano
2 colheres (sopa) de vinagre branco
1 xícara (chá) de cerveja
sal a gosto

Modo de Preparo

Marinada
Em uma panela, junte as pimentas e o caldo de galinha e deixe cozinhar lentamente, até quase atingir o ponto de fervura. Diminua o fogo para o mínimo e cozinhe por mais 3 minutos, para que as pimentas fiquem tenras. À parte, em uma frigideira, em fogo médio, frite a cebola e o alho no óleo, até deixá-los macios. Junte esses ingredientes aos restantes, com exceção do pernil, e deixe cozinhar em fogo brando, ligeiramente, para que os sabores se misturem. Coloque o molho em um liquidificador e bata até atingir a consistência de um caldo homogêneo. Espere esfriar.

Assado
Coloque a peça de pernil em uma assadeira e faça incisões fundas, para que a marinada possa penetrar. Despeje o molho, espalhando-o bem por toda a carne e coloque no refrigerador até a manhã seguinte. Preaqueça o forno (220 ºC). Coloque a carne em uma grelha dentro da assadeira. Leve ao forno e diminua a temperatura (180 ºC) imediatamente. Cubra com papel-alumínio, para que asse bem, sem ressecar. Asse a carne por 30 a 45 minutos, regando-a frequentemente com o molho. Retire o papel-alumínio quando estiver assada e leve-a para dourar por mais 10 minutos, no forno. Ao que restar do molho na assadeira, acrescente um pouco de água, deixe ferver e coe. Coloque em uma molheira e sirva como acompanhamento do assado.

Rendimento: 6 porções
Tempo de Preparo: 13 horas e 40 min.

Murupi
(Capsicum chinense)

Tradicionalmente cultivada na região Norte do Brasil, faz sucesso com seu aroma característico e sabor picante. Pode ser encontrada fresca, na forma de molhos (como o de tucupi ou a manipueira, extraídos da mandioca), ou ainda em conservas à base de vinagre, óleo e soro de leite. Seus frutos são alongados e, antes de amadurecerem, apresentam coloração verde. Depois, adquirem um tom amarelo, que se intensifica até o vermelho, quando as pimentas estão maduras.

O comprimento varia: as menores, que medem de 2 cm a 4 cm, têm pungência mais acentuada e são conhecidas como murupizinho. Os frutos de tamanho intermediário apresentam de 3,5cm a 6 cm de comprimento e são chamados de murupi comum. Finalmente, há o murupi--grande, com 9 cm de comprimento. Trata-se de uma variedade de alta picância, atingindo 60 mil unidades Scoville e entre 8 e 9 pontos na escala de temperatura.

Grau de Picância: 9

Tamanho Médio: **4,5 cm**

Canjica de Milho à Murupi

Ingredientes

2 xícaras (chá) de caldo de galinha
2 xícaras (chá) de canjica de milho cozida
1 e 1/2 xícara (chá) de queijo cheddar ralado
1 xícara (chá) de leite
2 ovos grandes batidos
2 pimentas murupi sem sementes e fatiadas
sal a gosto
manteiga para untar

Modo de Preparo

Preaqueça o forno a 180 °C. Em uma panela média com tampa, ferva o caldo de galinha. Acrescente a canjica e deixe cozinhar até secar quase todo o líquido. Retire do fogo e, sem parar de mexer, junte o queijo.

Em uma tigela, coloque o leite, os ovos e as pimentas, juntando-os em seguida à canjica. Acerte o sal e transfira a canjica para um refratário levemente untado com manteiga e deixe assar por 30 minutos.

Dica: Sirva com carnes grelhadas.

Rendimento: 8 porções
Tempo de Preparo: 1 hora

Pimenta-de-Biquinho
(Capsicum chinense)

Recebe esse nome porque seu fruto arredondado estreita-se completamente na ponta, ganhando formato parecido com o de um bico. De cor vermelha forte, ela mede 3 cm de comprimento e possui, de largura, 1,5 cm na parte maior e cerca de 0,2 cm no extremo mais fino.

É uma variedade que está se difundindo com grande rapidez no estado de Minas Gerais, onde sempre foi usada como planta ornamental e agora vem sendo empregada no preparo de molhos, peixes e carnes. Também é muito apreciada em conservas feitas em garrafas de aguardente. Sua picância, considerada fraca, é de 1.000 unidades Scoville e de 1 ponto na escala de temperatura.

Grau de Picância

Tamanho Médio: **3 cm**

Suflê de Pimenta-de-Biquinho com Parmesão

Ingredientes

2 colheres (sopa) de manteiga
2 colheres (sopa) de farinha de trigo
1 xícara (chá) de creme de leite fresco
1/2 xícara (chá) de leite
2 ovos
1 gema
1/2 xícara (chá) de queijo parmesão ralado
sal a gosto
1 pitada de noz-moscada
4 pimentas-de-biquinho cortadas ao meio
manteiga e farinha de trigo para untar

Modo de Preparo

Aqueça o forno à temperatura média (220 °C). Unte forminhas individuais para suflê com manteiga e farinha de trigo polvilhada. Coloque a manteiga em uma panela e adicione a farinha de trigo, levando ao fogo até obter a consistência de pasta. Adicione, aos poucos, o creme de leite e o leite e misture bem. Deixe ferver, desligue o fogo e espere esfriar um pouco.

Despeje uma parte da mistura sobre os ovos e a gema e misture. Junte essa mistura ao conteúdo restante da panela. Adicione o parmesão mexendo bem, tempere com sal e acrescente a noz-moscada. Coloque essa massa nas forminhas de suflê, enfeitando com as metades de pimenta-de-biquinho por cima. Leve ao forno preaquecido e asse por aproximadamente 20 minutos. Sirva imediatamente.

Rendimento: 5 porções
Tempo de Preparo: 40 min.

… Pimentas com suas Receitas

Pimenta-de-Bode
(Capsicum chinense)

Muito popular na região Sudeste do Brasil, essa variedade apresenta frutos redondos ou achatados, com cerca de 1 cm de diâmetro, coloração amarela ou vermelha, forte aroma e alta pungência. Na culinária do estado de Goiás, é usada como tempero no preparo de carnes, arroz, feijão e biscoitos de polvilho.

Depois de maduros, seus frutos são comercializados em conserva de salmoura, vinagre ou azeite. Sua picância atinge 50 mil unidades Scoville e 8 pontos na escala de temperatura.

Grau de Picância

Tamanho Médio: *1 cm*

Hot Potato à Pimenta-de-Bode

Ingredientes

500 g de batatas inglesas
2 colheres (sopa) de óleo vegetal
4 pimentas-de-bode sem sementes e picadas
1/2 colher (chá) de cominho moído
1/2 colher (chá) de sementes de erva-doce
1/2 colher (chá) de sementes de coentro trituradas
1 colher (chá) de sal
1 cebola fatiada
3 colheres (sopa) de salsinha e cebolinha frescas picadinhas

Modo de Preparo

Ferva uma panela com água levemente salgada, descasque e cozinhe as batatas por cerca de 15 minutos até ficarem tenras, mas ainda firmes. Retire do fogo, escorra a água e reserve as batatas.

Aqueça o óleo em uma frigideira funda e acrescente as pimentas picadas, o cominho, a erva-doce e as sementes de coentro. Adicione algumas pitadas de sal e deixe fritar, mexendo ininterruptamente, por 4 minutos. Junte a cebola fatiada e frite até adquirir um tom castanho-dourado.

Despeje as batatas e 1 colher (sopa) de salsinha e cebolinha. Mexa bem. Reduza o fogo ao mínimo, cubra a frigideira e deixe cozinhar por 5 minutos. Sirva as batatas quentes em prato aquecido, enfeitado com a salsinha e cebolinha restantes.

Rendimento: 6 porções
Tempo de Preparo: 40 min.

Pimenta-de-Cheiro

(Capsicum chinense)

Muitas pimentas levam esse nome – o que cria ainda mais confusões no já impreciso mundo das Capsicuns. Essa variedade em especial pode ser considerada como uma mais conhecidas e populares da família. Costuma ser utilizada quando madura – estágio que lhe confere uma tonalidade amarela. E é particularmente apreciada nas regiões Norte, Centro-Oeste e Sudeste do Brasil. O tamanho dos frutos varia de 3 cm a 4 cm de comprimento por 1 cm a 1,5 cm de largura. Sua pungência é mediana, situando-se entre 10 mil e 50 mil unidades Scoville e variando de 6 a 8 pontos na escala de temperatura. Aromática e muito picante, é largamente empregada no tempero de cozidos, ensopados e conservas.

Grau de Picância

Tamanho Médio: **3,5 cm**

Frango à Pimenta-de-Cheiro e Basílico

Ingredientes

450 g de peito de frango sem pele
3 colheres (sopa) de óleo vegetal
4 dentes de alho fatiados bem finos
5 pimentas-de-cheiro fatiadas bem finas
1 tablete de caldo de peixe
1/2 xícara (chá) de água
2 colheres (chá) de molho shoyu
1 colher (chá) de açúcar granulado
12 folhas de manjericão frescas
20 folhas fritas de manjericão e pimentas-
-de-cheiro para decorar

Modo de Preparo

Corte o peito de frango em cubos pequenos. Em uma panela, aqueça o óleo, frite o alho e as pimentas, mexendo sempre. Junte os pedaços do frango e mexa até dourar. Adicione o caldo de peixe, 1/2 xícara (chá) de água, o molho shoyu e o açúcar. Frite, mexendo sempre, até que o frango esteja cozido. Junte as 12 folhas de manjericão frescas e misture bem. Passe para um prato de servir e decore com pimentas e as folhas de manjericão fritas. Sirva a seguir.

Rendimento: 5 porções
Tempo de Preparo: 35 min.

Pimenta-de-Cheiro-do-Norte
(Capsicum chinense)

Muito apreciada pelo aroma forte e característico, a pimenta-de-cheiro-do-norte se subdivide em diversos tipos, com diferentes formatos, tamanhos e cores. Há frutos em tom amarelo-leitoso, outros de cor amarela mais forte, além de alaranjados, rosados, avermelhados e até pretos. Seu comprimento varia entre 1,5 cm e 4 cm, e a largura, de 1 cm a 3 cm. As variedades cultivadas no Norte do Brasil são compridas e aromáticas e, embora algumas apresentem pungência suave, outras são altamente picantes.

Em geral, a pimenta-de-cheiro-do-norte é excelente para o preparo de arroz, saladas e pratos à base de peixe. No Brasil, é largamente cultivada nas regiões Norte, Nordeste e Centro-Oeste. Sua pungência varia de mil a 30 mil unidades Scoville, ficando entre 3 e 7 pontos na escala de temperatura.

Grau de Picância

Tamanho Médio: **2,5 cm**

Pimenta-de-Cheiro-do-Norte em Carne Grelhada

Ingredientes

900 g de carne bovina cortada em fatias finas
1/4 de xícara (chá) de óleo vegetal
1/4 de xícara (chá) de farinha de trigo
1 xícara (chá) de cebola picada
1 xícara (chá) de pimenta-de-cheiro-do-norte sem sementes
2 dentes de alho bem picados
1 xícara (chá) de tomates picados sem pele e sem sementes
1/2 colher (chá) de tomilho
3/4 de xícara (chá) de caldo de carne
1/2 xícara (chá) de vinho tinto
sal a gosto
1 folha de louro
1 colher (sopa) de molho inglês
3 colheres (sopa) de salsa picada

Modo de Preparo

Em uma panela grande de ferro com tampa, aqueça 2 colheres (sopa) de óleo e doure bem a carne – coloque os pedaços aos poucos, reservando-os em seguida em uma travessa aquecida.

Adicione o óleo restante e a farinha. Mexa em fogo médio por 3 minutos, até engrossar e adquirir uma cor castanho-escura. Acrescente a cebola, as pimentas e o alho e frite por uns 5 minutos, mexendo com frequência.

Junte os tomates e o tomilho e continue mexendo por outros 3 minutos. Acrescente o caldo e o vinho. Mexa bem por vários minutos, raspando os pedaços que grudam no fundo. Volte a carne para a panela e adicione, mexendo sempre, o sal, a folha de louro e o molho inglês.

Diminua o fogo e deixe cozinhar por 30 minutos, ou até a carne ficar bem macia, mexendo de vez em quando. Retire a folha de louro. Acrescente a salsa e mexa. Resfrie e leve ao refrigerador até a manhã seguinte. Esquente a carne grelhada antes de servir. Se gostar, salpique queijo ralado grosso.

Rendimento: 8 porções
Tempo de Preparo: 1 hora

PIMENTAS COM SUAS RECEITAS

Scotch Bonnet
(Capsicum chinense)

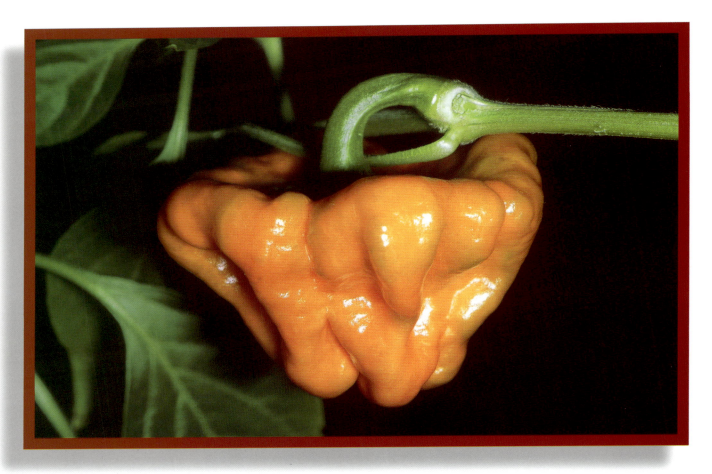

De sabor forte e picante, com um leve toque frutal e aroma de defumado, essa pimenta lembra o habanero, tanto em aparência quanto em paladar. É muito popular na Jamaica, onde entra na composição de um grande número de pratos, como o molho jerk e os curries caribenhos. No entanto, acredita-se que seja originária do México e, aos poucos, os consumidores brasileiros também estão descobrindo o potencial desse delicioso tempero. Seus frutos são irregulares e enrugados. Medem entre 2,5 cm e 4 cm de comprimento, com diâmetro de 2 cm a 4,5 cm. Antes de amadurecerem, apresentam coloração verde escura. Depois, mudam para o alaranjado e, finalmente, ganham um tom vermelho intenso. Sua pungência é bastante elevada, atingindo 250 mil unidades Scoville e entre 9 e 10 pontos na escala de temperatura.

Grau de Picância

Tamanho Médio: *3,5 cm*

Frango à Scotch Bonnet

Ingredientes

Frango
1 frango de 1,8 kg, cortado nas juntas / sal a gosto / 1 limão / 1 pimenta scotch bonnet picada, sem sementes e sem pele

Farofa
1 tablete de caldo de galinha diluído em 1 xícara (chá) de água quente / 2 colheres (sopa) de manteiga / 1 colher (chá) de canela em pó / 1/2 colher (chá) de sementes de cardamomo moídas / 1/2 colher (chá) de cominho moído / 1 xícara (chá) de cuscuz marroquino / 1 colher (sopa) de suco de limão / 1/2 xícara (chá) de uvas passas brancas sem sementes / 1/2 xícara (chá) de cenoura crua em cubinhos / 1/2 xícara (chá) de salsão cru em cubinhos / 1 cebola pequena bem picadinha / 1 e 1/2 colher (chá) de sal / 2 pimentas scotch bonnet cortadas em anéis

Modo de Preparo

Frango
Tempere o frango com o sal, o limão e a pimenta. E, depois de assá-lo ou fritá-lo, reserve.

Farofa
Ferva o caldo de galinha com a manteiga, a canela, o cardamomo e o cominho.

Despeje sobre o cuscuz, deixando descansar por 5 minutos.

Com um garfo, afofe o cuscuz e junte o suco de limão, as uvas passas, a cenoura, o salsão, a cebola, o sal e a pimenta. Sirva com os pedaços de frango assado ou frito.

Rendimento: 8 porções
Tempo de Preparo: 40 min.

Capsicum frutescens

A pimenta tabasco é a variedade mais conhecida dessa espécie ilustre, que reúne entre os seus frutos a pimenta malagueta, amplamente utilizada no Brasil, de onde é originária.

Com frutos eretos, alongados, pequenos e de paredes finas, suas plantas são do tipo arbustivo e apresentam vários caules – aliás, o termo frutescens significa arbusto.

Curiosamente, até hoje não foram encontrados sinais de domesticação de pimentas da espécie frutescens nos sítios arqueológicos das Américas do Sul e Central. No entanto, sabe-se que os navegadores europeus foram responsáveis por levar algumas variedades de frutescens para a Índia, onde se tornaram conhecidas como pimenta-de--pássaros e passaram a ser largamente empregadas no preparo de molhos e curries.

- Malagueta
- Pimenta-de-Passarinho
- Tabasco

Malagueta
(Capsicum frutescens)

Uma das pimentas mais conhecidas e utilizadas no Brasil é muito cultivada na Zona da Mata mineira e no interior de São Paulo. Conforme a região produtora, pode-se encontrar duas variáveis da mesma planta: as menores, chamadas de malaguetinha, e as maiores, denominadas malaguetão. Todas são idênticas nos quesitos pungência e coloração.

Antes de estarem maduros, seus frutos apresentam coloração verde. É nesse estágio que costumam ser consumidos em Minas Gerais. Depois, tornam-se vermelhos e atingem entre 1,5 cm e 3 cm de comprimento e de 0,4 cm a 0,5 cm de largura. Na culinária, a pimenta malagueta é muito apreciada em pratos à base de peixes e carnes, além de estar presente em receitas típicas, como a do famoso acarajé baiano. Em São Paulo, há uma preferência pela malagueta madura e vermelha. Muito utilizada e plantada na China e na Tailândia, a malagueta tem elevado grau de picância: atinge 9 pontos na escala de temperatura e entre 60 mil e 100 mil unidades Scoville. Em Portugal, o termo malagueta serve para designar um grande número de pimentas.

Grau de Picância: 9

Tamanho Médio: **2,5 cm**

Vatapá com Malaguetas

Ingredientes

300 g de pão francês amanhecido
1 xícara (chá) de água
1 vidro de leite de coco (200 ml)
2 cebolas grandes raladas
200 g de camarões secos inteiros sem sal
150 ml de azeite-de-dendê
50 g de castanha-de-caju moída
200 g de camarões secos moídos sem sal
2 tabletes de caldo de peixe dissolvidos em 1 xícara (chá) de água quente
1/2 colher (chá) de gengibre ralado
400 g de bacalhau demolhado, cozido e desfiado
1/2 xícara (chá) de coentro fresco picado
3 pimentas malaguetas cortadas em fatias finas, sem sementes
sal a gosto

Modo de Preparo

Coloque o pão de molho na água por alguns minutos até que esteja amolecido. Bata no liquidificador junto com o leite de coco. Reserve.

Em uma panela, em fogo médio, refogue as cebolas e os camarões secos inteiros no azeite-de-dendê, junte as castanhas, os camarões secos moídos, acrescente o pão batido, o caldo de peixe, o gengibre, o bacalhau, o coentro, as pimentas malaguetas e o sal

Vá cozinhando e mexendo sempre, até obter uma consistência pastosa. Sirva acompanhado de arroz branco.

Rendimento: 6 porções
Tempo de Preparo: 40 min.

Pimenta-de-Passarinho
(Capsicum frutescens)

Há uma razão para essa pimenta ter recebido esse apelido: é que, quando seus frutos amadurecem, ganham uma linda tonalidade amarela e tornam-se irresistíveis para os pássaros, que os tiram dos galhos com extrema facilidade. Aliás, os frutos dessa variedade são muito bonitos: parecem pequenas azeitonas douradas, com 1 cm de diâmetro. Sua pungência é mediana, atingindo de 6 a 7 pontos na escala de temperatura e 20 mil unidades Scoville. A pimenta-de-passarinho é muito difundida no interior de São Paulo e na região central do Brasil. Vai bem em ensopados, sopas e molhos.

Grau de Picância

Tamanho Médio: **1 cm**

Pimentas-de-Passarinho com Champignons

Ingredientes

6 xícaras (chá) de cogumelos brancos
4 colheres (sopa) de azeite de oliva
1 cebola bem picada
2 dentes de alho esmagados
4 pimentas-de-passarinho cortadas em anéis
sal a gosto
1 maço pequeno de hortelã

Modo de Preparo

Corte os talos dos cogumelos junto ao botão e limpe-os com um pano úmido ou toalha de papel. Se forem grandes, divida-os ao meio.

Aqueça o azeite em uma frigideira e acrescente a cebola, o alho, as pimentas e os cogumelos, mexendo até que fiquem banhados em azeite por igual. Frite por 6 a 8 minutos, mexendo aos poucos, até a cebola e os cogumelos ficarem tenros.

Tempere com sal e passe para um prato de servir. Pique um pouco de hortelã, conservando algumas folhas inteiras para a decorar. Sirva quente.

Rendimento: 6 porções
Tempo de Preparo: 20 min.

Tabasco

(Capsicum frutescens)

Tabasco é o nome de uma pequena cidade mexicana que manteve intensas atividades comerciais com a cidade de Nova Orleans, nos Estados Unidos, em meados do século 19. Pelo que se sabe, foi de lá que se originou essa deliciosa e picante pimenta que conquistou o mundo da gastronomia.

Os frutos do tabasco são eretos e têm cerca de 7 cm de comprimento e 1 cm de largura. Antes de amadurecerem, são amarelos, mas depois tornam-se alaranjados e, finalmente, vermelhos. Cada planta produz em média cem frutos. Seu grau de pungência varia de 30 mil a 50 mil unidades Scoville, e 8 na escala de temperatura. Sua polpa é muito utilizada no preparo de peixes e, quando fresca, pode ser adicionada a saladas.

Grau de Picância

Tamanho Médio: **7 cm**

Tomates ao Forno com Tabasco

Ingredientes

8 tomates italianos vermelhos e bem firmes
2 colheres (sopa) de azeite extra-virgem
1 cebola pequena bem picada
1 dente de alho esmagado
1 colher (chá) de cominho em pó
2 pimentas tabasco vermelhas, sem sementes e picadas
1/2 xícara (chá) de ricota fresca amassada
1 colher (sopa) de coentro fresco bem picado
1/4 de xícara (chá) de queijo cheddar ralado
sal a gosto

Modo de Preparo

Corte a parte de cima de cada tomate e escave o centro, retirando as sementes. Pique a polpa e reserve. Ponha os tomates de boca para baixo, sobre um guardanapo absorvente e deixe escorrer.

Em uma panela, aqueça o azeite, adicione a cebola e o dente de alho, acrescente o cominho, as pimentas, a polpa dos tomates e o sal e deixe cozinhar por alguns minutos.

Desligue o fogo, espere amornar e coloque a ricota e o coentro picado, misturando bem. Com essa mistura, recheie os tomates. Salpique o queijo cheddar e leve ao forno por 15 minutos.

Rendimento: 8 porções
Tempo de Preparo: 40 min.

Capsicum pubescens

Originária da região que hoje corresponde à Bolívia, a família Capsicum pubescens (pubescens significa pêlos) é uma das espécies vegetais mais antigas das Américas – há registros de seu cultivo datados de 6.000 a.C. Foi largamente utilizada pelos incas e hoje é muito popular na região dos Andes, do Chile até a Colômbia, e em terras altas da América Central e do México.

Com frutos largos e presos diretamente aos galhos, as plantas dessa espécie têm altura média de 70 cm, embora na Bolívia, graças ao clima propício, cheguem a atingir 5 m de altura. Sua pungência, que oscila entre 30 mil e 50 mil unidades Scoville, leva algumas pessoas a acreditarem que o sabor da Capsicum pubescens é mais picante do que o habanero.

Por suas vagens serem muito grossas, o que dificulta o processo de desidratação, essas pimentas geralmente são consumidas frescas. Ficam excelentes em molhos frescos e seus frutos grandes podem ser recheados com carne, queijo ou pão.

• Rocoto

Rocoto
(Capsicum pubescens)

O termo rocoto deriva da palavra hispânico-andina rocin, que significa esboço de cavalo. E, de fato, os frutos dessa pimenta lembram o desenho de uma cabeça de cavalo. Daí, vem outro nome pelo qual é conhecida: pimenta-cavalo. No México, é conhecida ainda como pimenta-pêra e como pimenta-maçã. Seus frutos, arredondados, assemelham-se a uma cereja quando são pequenos, e a uma maçã, ao ficarem grandes. Assim que amadurecem, assumem a cor amarela, vermelha ou laranja. O arbusto que lhe dá origem cresce por mais de dez anos e torna-se tão largo que, em alguns lugares, é chamado de árvore-de-pimenta. A rocoto é a única pimenta cujas sementes são pretas. De alta pungência, atinge 70 mil unidades Scoville e entre 8 e 9 na escala de temperatura. Usada apenas quando fresca, pode ser picada e adicionada a molhos e sanduíches. Também fica ótima inteira e recheada com queijos ou carnes.

Grau de Picância

Tamanho Médio: **4 cm**

Rocoto ao Fígado com Pirão de Farinha de Mandioca

Ingredientes

Fígado
500 g de fígado bovino cortado em quadrados / 3 colheres (sopa) de manteiga / 2 colheres (sopa) de bacon cortado bem fininho / 2 dentes de alho amassados / 2 colheres (sopa) de molho inglês / 1 cebola bem picada / sal a gosto / 2 pimentas rocoto inteiras / 1 colher (sopa) cheia de farinha de trigo / 1 xícara (chá) de vinho branco seco

Pirão
500 ml de água / 1 tablete de caldo de legumes / 1 tablete de caldo de carne / 1 pimenta rocoto fatiada / 1/2 xícara (chá) de farinha de mandioca crua

Modo de Preparo

Fígado
Coloque o fígado juntamente com a manteiga e o bacon em uma panela e deixe fritar, até adquirir um tom amarronzado. Acrescente o alho, o molho inglês e a cebola e continue fritando em fogo baixo. Prove o sal, junte a pimenta e a farinha de trigo dissolvida no vinho e deixe ferver, mexendo sempre. Assim que obtiver um molho espesso, desligue o fogo e reserve.

Pirão
Coloque a água para ferver, acrescente os tabletes de caldo e a pimenta. Vá adicionando a farinha de mandioca aos poucos, mexendo sempre com uma colher de pau, até que o pirão cozinhe e tome consistência. Derrame o fígado sobre o pirão e sirva tudo bem quente.

Rendimento: 6 porções
Tempo de Preparo: 40 min.

Dicionário Gastronômico

Segredos de Mestre-Cuca com Capsicuns

*O passo a passo para você processar pimentas em casa,
aumentando sua conservação e conferindo a elas um toque especial de sabor.*

Secagem

As melhores pimentas para secagem são as maduras, de preferência com coloração vermelha ou amarela. Todo o processo é muito simples. Basta dispor as pimentas sobre tabuleiros de rede ou de tela plástica, que permitam a passagem livre do ar, e deixá-las numa área quente, bem ventilada e à sombra. A exposição direta ao sol é desaconselhável, pois compromete a cor dos frutos. Para evitar que embolorem, é aconselhável virá-las todos os dias. Outra técnica de secagem consiste em prender as pimentas ao longo de uma linha e pendurá-las num local quente e seco, onde deverão permanecer durante uma semana.

Remoção de pele

A pele da maior parte das pimentas é bem espessa – por isso, é necessário retirá-la. Para tanto, leve a pimenta ao fogo, tomando cuidado para não deixá-la queimar (o vapor da pimenta queimada pode causar irritações em olhos e narinas). Logo que a pimenta estiver cozida, coloque-a sob a água da torneira e retire a pele. Lembre-se de proteger as mãos com luvas, para evitar queimaduras.

Se você não tiver luvas, passe óleo nas mãos antes de manusear as pimentas.

Redução da picância

A capsaicina, contida na placenta, é a substância que imprime ardor às pimentas. O cozimento não ajuda a eliminá-la. E o melhor meio de saborear uma pimenta livre de ardor é limpando cuidadosamente seu interior.

O desafio é, durante a limpeza, não deixar que a placenta se rompa ou as sementes entrem em contato com o restante do fruto – se isso acontecer, a capsaicina espalha-se por toda a baga. Uma dica importante: a parte mais larga da pimenta concentra maior quantidade de capsaicina do que a extremidade mais fina.

Outra forma de atenuar a picância é mergulhar as pimentas, frescas ou secas, em uma solução composta por 3 partes de vinagre de vinho branco fraco e 1 parte de sal. Deixe de molho durante uma hora e enxágue em água corrente.

Limpeza

Durante esse processo, mantenha a pimenta sob um jato de água fria – desse modo, você evita irritações nos olhos e nas narinas. Também é importante usar luvas e, ao final, lavar bem a faca e a colher utilizadas.

Passo-a-passo da limpeza

1) Com uma faca, divida a pimenta ao meio.

3) Com uma faca ou colher, retire todo o seu conteúdo de sementes.

2) Corte o cabo da pimenta.

4) Corte toda a parte da placenta.

5) Caso queira, corte em tiras para decorar.

Como grelhar

Apenas as pimentas frescas podem ser grelhadas. Para fazer isso, você pode optar por grelhas, forno, frigideira ou até mesmo colocá-las diretamente sobre a chama do fogão.

Aumento da picância

Manter as pimentas em conservas de vinagre ou em salmoura ajuda não apenas a preservá-las por mais tempo, mas também a conservar seu grau de picância praticamente inalterado. No entanto, quando se acrescenta óleo ou azeite a essa composição, o efeito é um sabor altamente picante. Isso acontece porque as gorduras fazem a capsaicina se desprender da pimenta. Mas não adianta consumi-la logo em seguida ao preparo – o óleo ou o azeite precisam de um tempo para exercer seu efeito de agente destilador.

Como fazer pimenta em pó

Torre as pimentas em uma panela até que fiquem crocantes.

Transfira para um pilão para macerar até transformar em pó.

Como hidratar pimentas secas

Coloque em um recipiente água morna suficiente para cobrir as pimentas.

Deixe hidratando por cerca de 20 a 30 minutos até a cor clarear. Depois corte-as em pedaços.

Flor de pimenta

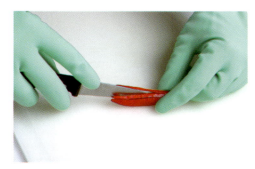

Limpe a pimenta, tomando cuidado para não cortar a extremidade mais larga.

Preservando a ponta superior, corte tiras ao longo do fruto.

Defumação

Nem todas as pimentas ficam saborosas quando defumadas. Por isso, só lance mão desse recurso quando o cheiro e o sabor de fumaça forem realmente apropriados à **pimenta** escolhida. Para pequenas **quantidades**, segure a pimenta com uma pinça e aproxime-a cuidadosamente da chama do fogão. Vá virando, até que fique totalmente escurecida.

DICIONÁRIO GASTRONÔMICO

Capsicuns em Diferentes Versões

Versáteis, as pimentas vêm inspirando a criação de um grande leque de produtos, alguns dos quais mundialmente populares.

Pimenta em pó

Também conhecida como chilli powder, devido a seu amplo uso no preparo do chilli com carne, trata-se de uma mistura composta por 1 parte de malagueta seca, 1 parte de pimenta pasilla seca ou ancho, 5 partes de pimenta novo méxico, 2 partes de alho em pó, 1 e 1/2 parte de cominho em pó e 1 e 1/2 parte de orégano em pó. É só misturar tudo no liquidificador e usar.

Pimenta em flocos

A pimenta em flocos é fartamente disponível no mercado. No Brasil, utilizamos a pimenta dedo-de-moça seca e rasurada que, nessa apresentação, recebe o nome de pimenta calabresa. Na Itália, é conhecida como peperoncino e feita a partir de uma variedade Capsicum annuum muito próxima ao pimentão que os americanos chamam de bell pepper. Tanto a versão italiana quanto a americana constituem variedades doces, de picância muito baixa. A pimenta em flocos é indicada para polvilhar sobre a pizza ou adicionar ao prato no finalzinho do preparo.

Óleo de pimenta

O óleo de pimenta é obtido pela mistura de diversas pimentas com azeites ou óleos vegetais. À medida que a conserva vai se apurando, o líquido fica com as características das pimentas (picância e sabor) cada vez mais acentuadas. É importante não confundir esse tempero com os extratos de pimenta, que apresentam concentração elevadíssima de capsaicina (muitas vezes, chegando à marca de 1,8 milhão de unidades Scoville) e são colocados nos chamados sprays de pimenta.

Vinagre com pimenta

Fácil de preparar, pode ser usado no lugar do vinagre comum. Leve ao fogo 1/2 quilo de pimenta picante fresca, verde ou vermelha, e 1/4 de litro de vinagre branco. Ferva em temperatura baixa por 5 minutos. Despeje em uma garrafa de boca larga, previamente limpa e esterilizada, e deixe em lugar escuro e fresco durante uma semana. Se preferir, acrescente outras ervas aromáticas à composição.

Pimenta em pasta

Bastante popular no Sudeste da Ásia, a pasta de pimenta pode ser adicionada durante o cozimento ou levada à mesa como condimento. Para preparar uma boa pasta, uma das receitas mais tradicionais consiste em misturar 1 xícara de pimenta vermelha (piquin ou malagueta), 2 xícaras de pimenta dedo-de-moça rasurada, 1/2 xícara de vinagre de vinho branco, 1/4 de xícara de alho picado, 2 colheres (sopa) de óleo vegetal e 1 colher (chá) de sal. Misture tudo no liquidificador, juntamente com 3/4 de xícara de água, batendo até obter uma consistência pastosa. Guarde em geladeira por até 3 meses.

Pimenta caiena

Além da própria pimenta caiena, esse nome serve para designar também o produto resultante de uma fina moagem de pimenta malagueta. A placenta e a semente são incluídas na moagem, o que torna este pó extremamente picante. O nome é originário da região de Caiena, na Guiana Francesa, mas hoje as pimentas usadas em seu preparo provêm da Índia, do Japão e da África. Pode ser adicionada a biscoitos, queijos, ovos e em alguns curries.

119

Ice-Cream Pepper

Ingredientes

1 pote de sorvete de creme de 2 litros
190 g de geleia de pimenta
200 g de chocolate meio-amargo
3/4 de xícara (chá) de água
1 colher (sopa) de açúcar
1/4 de xícara (chá) de creme de leite fresco
1 colher (chá) de manteiga
1 colher (sopa) de rum

Modo de Preparo

Deixe o sorvete em temperatura ambiente, até ficar levemente amolecido. Misture a geleia de pimenta e volte o sorvete para o freezer. Coloque o chocolate, a água e o açúcar em uma panela em banho-maria.

Deixe em fogo lento, mexendo sempre, até o chocolate derreter por completo. Continue a cozinhar em banho-maria por mais 10 minutos, mexendo de vez em quando.

Retire do fogo e misture os demais ingredientes. Sirva essa calda sobre o sorvete e conserve-a na geladeira para uso posterior. Sempre que for usá-la, aqueça-a em fogo baixo.

Rendimento: 12 porções
Tempo de Preparo: 1 hora

Geleia de pimenta

Hoje, já se encontra uma grande variedade de geleias de pimenta no mercado, todas de excelente qualidade. No Brasil, os fabricantes costumam usar como base a geleia de maçã, à qual acrescentam a massa da pimenta dedo-de-moça. De visual agradável e sabor delicioso e suave, esse tipo de geleia é excelente para acompanhar carnes vermelhas e queijos. Também fica ótima com torradas e até com chocolates.

Uma versão caseira consiste em levar ao fogo 1,5 kg de açúcar, 1 xícara de vinagre branco e 1 kg de pimenta dedo-de-moça, cortada em pedacinhos bem pequenos. Assim que começar a ferver, retire a mistura do fogo e deixe esfriar. Depois disso, acrescente 1 xícara de suco de limão e leve ao fogo alto durante 2 minutos, mexendo sem parar. Abaixe o fogo, junte 1 pacote de pectina natural e vá misturando com a colher de pau. Guarde a geleia em potes de vidro previamente limpos e esterilizados. Como a pimenta tende a se acumular no fundo, vire os potes de vez em quando, até esfriar, garantindo que a pimenta fique distribuída por toda a geleia.

Picles de Pimentas

Ingredientes

2 colheres (chá) de sementes de gergelim branco
1 colher (chá) de sementes de erva-doce
2 colheres (chá) de sementes de coentro
2 colheres (chá) de sementes de mostarda
1/4 de xícara (chá) de óleo
1/2 colher (chá) de pimenta-do-reino em grãos
20 pimentas frescas
9 colheres (chá) de suco de limão

Modo de Preparo

Ponha as sementes de gergelim, erva-doce, coentro e mostarda em uma frigideira e seque-as em fogo médio, até começarem a pipocar.

Adicione o óleo, a pimenta-do-reino, as pimentas frescas e frite, mexendo por 3 a 5 minutos, até as pimentas estarem macias.

Transfira para uma travessa, borrife o suco de limão e deixe esfriar. Sirva à temperatura ambiente. Se preferir menos picante, corte as pimentas ao meio, retire as sementes e o veio antes de fritar.

Coloque sal, se preferir.

Rendimento: 1 pote de 500 g
Tempo de Preparo: 30 min.

Pimenta defumada
A defumação é uma técnica ancestral de conservação e já era usada pelos indígenas. Submetidas a ela, algumas variedades de pimentas não se tornam apenas mais duráveis: ficam também deliciosas. Um processo muito utilizado para a defumação consiste em pendurar as pimentas em fios, semelhantes a varais, deixando-as num defumador durante vários dias, até que sua umidade seja reduzida a 5% do original. Sua coloração, então, torna-se bem escura, e o sabor, acentuado e marcante.

Páprica
A palavra páprica vem do húngaro paparka, que é uma variação do búlgaro piperka. Nos Estados Unidos, é usada para designar genericamente qualquer pimenta não-picante. Já na Europa, o termo serve para designar um tipo específico de pimentão e de moagem. Não se sabe ao certo como essa espécie chegou à Hungria, mas alguns historiadores acreditam que tenha sido introduzida na época das invasões otomanas. Além da Hungria, também a Espanha produz uma páprica respeitada mundialmente por sua qualidade.

Pimenta-de-Cheiro em Conserva

Ingredientes

500 g de pimenta-de-cheiro
2 litros de vinagre de vinho branco
1 colher (sobremesa) de sal

Modo de Preparo

Limpe bem as pimentas com um pano seco, retire o caule e deixe-as ao sol por 24 horas – se preferir, durante dois dias seguidos, coloque-as em forno baixo por 4 horas de cada vez.

Quando estiverem prontas, ferva 1 litro de vinagre e coloque-o em um recipiente com tampa, juntamente com as pimentas e o sal. Guarde em local escuro por 20 dias.

Após esse período, descarte o vinagre e substitua-o pelo litro não-fervido. Feche novamente o vidro e guarde por 60 dias. Se quiser, enriqueça a conserva com pedaços de cebola, alho e folhas de louro.

Rendimento: 3 potes de 500 g
Tempo de Preparo: 24 horas

Pimenta em conserva
A solução para o preparo da conserva pode variar de uma simples salmoura, que mantém o sabor original inalterado, até composições mais elaboradas, à base de vinagre ou de vinho branco. Normalmente, são usadas as pimentas inteiras, mas há opções de produtos macerados. Qualquer recipiente de vidro pode ser usado, mas, para melhor conservação, é importante deixar as tampas bem fechadas e manter as embalagens na geladeira.

Salsa Tradicional Mexicana

Ingredientes

6 tomates vermelhos e firmes, cortados, com pele e sementes

1 cebola vermelha grande, picadinha

1 pimentão vermelho, com semente, picadinho

2 dentes de alho moídos

2 pimentas jalapeno com sementes e picadas

3 colheres (sopa) de folhas de coentro fresco picadas

2 colheres (sopa) de vinagre de vinho tinto

1 colher (sopa) de azeite de oliva

1/2 colher (sopa) de orégano seco

Modo de Preparo

Misture todos os ingredientes, mexendo bem. Refrigere por 4 horas.

Antes de consumir, deixe durante 3 dias em local seco e fresco.

Sirva com chips ou como cobertura para batatas assadas.

Molho de Pimenta

Hot pepper sauce, em inglês, os molhos de pimenta são temperos líquidos obtidos por meio da combinação de tomates, cebolas, pimentas, alho, sal e vinagre.

Existem milhares de variedades no mercado, alguns envolvendo processos de maturação que conferem ao molho sabores bem definidos, e outros baseados apenas na mistura de ingredientes.

Rendimento: 4 a 6 porções
Tempo de Preparo: 20 min.

PIMENTAS COM SUAS RECEITAS

Tabasco® um molho com história

Apaixonado pelo sabor forte e marcante da pimenta originária da cidade de Tabasco, no México, o banqueiro Maunsell White decidiu levar algumas sementes para o estado de Louisiana (EUA). Lá, ele as cultivou e logo começou a preparar alguns molhos picantes. Foi um desses molhos que ele ofereceu de presente ao amigo Edmund McIlhenny, juntamente com alguns frutos.

McIlhenny logo semeou a pimenta na ilha de Avery (golfo de Louisiana), e suas plantas, muito resistentes, sobreviveram até mesmo à falta de cuidados durante a Guerra Civil Americana, que devastou boa parte daquela região. Em 1868, McIlhenny, que já vinha testando o plantio do tabasco em grande escala, começou a comercializar os molhos. Em 1870, registrou a patente da conhecida marca e da famosa receita de molho de pimenta Tabasco®, cuja picância situa-se entre 9 mil e 12 mil unidades Scoville.

Para se obter o molho, o primeiro passo é macerar a pimenta com a casca. Em seguida, ela é salgada e colocada em barris, para fermentar. Permanece em envelhecimento durante até três anos, e então sua massa é drenada e temperada com vinagre. Hoje, devido ao grande crescimento do consumo desse produto, há plantações de tabasco no México, na Colômbia e no Brasil, mais precisamente no estado do Ceará.

Celebridade mexicana

O famoso chilli com carne é um dos pratos mais famosos da culinária mexicana e também da cozinha americana da região do Texas. Feito à base de carne, pimenta picante, caldo de carne, especiarias, cebola, tomates e feijão, pode ser encontrado pronto nas prateleiras dos supermercados desde 1898, quando a marca Gerbhardt lançou uma versão industrializada, que ajudou a popularizar ainda mais essa especialidade. E, claro, o chilli com carne nada tem a ver com as pimentas que, em várias partes do mundo, como na Índia, também são chamadas de chilli.

"The TABASCO marks, bottle and label designs are the exclusive property of McIlhenny Co., Avery Island, LA , 70513." www.TABASCO.com

Capítulo 3

A Família das Piperáceas

A pimenta é uma velha conhecida conhecida dos europeus: Teofrasto, Dioscorides e Plínio são alguns dos personagens históricos que se referiram a elas. O conde de Ficalho, anotador dos Colóquios, de Garcia da Orta, registrou em seus escritos que os árabes foram os responsáveis pela introdução das pimentas no continente europeu, durante a Idade Média. Eles levaram alguns exemplares do Malabar, através do Mar Vermelho e do Golfo Pérsico. Essas especiarias chegavam aos mercados com preços elevadíssimos, pois, para obtê-las, os comerciantes eram obrigados a enfrentar jornadas longas e difíceis. E, quando finalmente as vendiam, eram obrigados a arcar com impostos um tanto abusivos.

Naquela época, o comércio era dominado pelos árabes, no Oriente, e pelos venezianos e genoveses, no Mediterrâneo. Essa hegemonia despertou a cobiça dos portugueses. Em 1498, Vasco da Gama ultrapassou a costa oriental africana e chegou ao verdadeiro país da pimenta-do-reino: em Calicute, ele embarcou os primeiros sacos de pimenta, carregados diretamente da Índia para os navios europeus. A esta viagem, seguiu-se a de Pedro Álvares Cabral, que, depois de ter estado em Calicute, dirigiu-se a Cochim, a maior fonte de pimenta-do-reino da Índia.

Essas pequenas sementes tiveram um efeito transformador. Eram tão importantes para o povo europeu que várias e enormes expedições marítimas foram organizadas com o intuito de descobrir novas rotas comerciais, que permitissem adquirir o produto a preços mais acessíveis.

As especiarias que tanto mobilizavam os esforços de comerciantes e traficantes eram o gengibre, o açafrão, a canela, o cominho, a noz-moscada, o cravo, o cardamomo e a pimenta-do-reino, que ocupava lugar de honra na lista: ela valia tanto quanto o ouro e chegou a ser usada como dinheiro. Tamanha importância pode ser creditada ao fato de que ela, assim como o sal, era utilizada na conservação de inúmeros alimentos – além de ter a propriedade de disfarçar o horrível cheiro das carnes, que entravam em rápido processo de putrefação numa época em que não existiam geladeiras nem quaisquer outros métodos de refrigeração.

> "Pimenta: pequena em tamanho,
> mas grande em virtude."
> (Platão)

No Brasil, o nome pimenta-do-reino foi adotado durante o período colonial, como forma de distinguir a pimenta que vinha de Portugal (o "Reino"). Mas vale lembrar que não é apenas a pimenta-do-reino que faz parte da família das Piperáceas, como é denominado botanicamente este grupo.

- Cubeba
- Pimenta-de-Folha
- Pimenta Longa
- Pimenta-do-Reino Branca
- Pimenta-do-Reino Preta
- Pimenta-do-Reino rosa
- Pimenta-do-Reino Verde

Produtores e plantações

Embora a Índia seja a terra natal da pimenta-do-reino, o Brasil é atualmente um dos maiores produtores mundiais dessa especiaria. Trazida por imigrantes japoneses, ela se desenvolveu por várias regiões do País – e hoje, o estado campeão de produção é o Pará, seguido pela Bahia e pelo Espírito Santo.

A pimenta brasileira é de excelente qualidade: muitas estão na categoria de 300 ASTA, sinônimo de qualidade superior. ASTA é uma sigla americana que significa *American Spice Trade Association*, órgão voltado à fiscalização e à classificação por nível de qualidade das pimentas de todas as partes do mundo.

Cubeba
(Pipper cubeba)

Apesar de hoje estar praticamente esquecida no Ocidente, foi muito popular até o século 17. Tanto que possui nomes em diferentes idiomas. No inglês, pode ser cubeb pepper ou java peppercorn. Os alemães a chamam de kubebenpfeffer, e os franceses de poivre de java.

Nativa da ilha de Java, na Indonésia, hoje é mais produzida em Serra Leoa e no Congo. Seus frutos, um pouco maiores do que os da pimenta-do-reino, apresentam superfície rugosa e ficam presos ao pé por uma pequena haste – o que deu origem ao apelido pimenta-de-rabo. Picante e amarga, a cubeba tem forte aroma de madeira seca e só pode ser usada moída. É excelente substituta da pimenta-do-reino.

Grau de Picância

Tamanho Médio: *0,8 cm*

Risoto à Pimenta Cubeba

Ingredientes

1 cebola
2 colheres (sopa) de óleo
250 g de arroz tipo arbório
2 xícaras (chá) de vinho branco seco
2 tabletes de caldo de legumes
1 litro de água quente
sal a gosto
2 peras-d´água com casca
2 colheres (chá) de pimenta cubeba moída
100 g de radicchio
1/2 tablete de manteiga (100 g)
100 g de gorgonzola

Modo de Preparo

Pique a cebola bem fina e frite no óleo. Junte o arroz, mexendo sempre, acrescente o vinho e deixe ferver por 3 minutos. Junte os tabletes de caldo de legumes e, aos poucos, adicione 1 litro de água quente.

Prove o sal e mexa até ficar macio. À parte, prepare pequenos cubos de pera e junte-os à pimenta e ao radicchio. Refogue essa mistura na manteiga e junte ao risoto, adicionando o gorgonzola cortado em cubos. Sirva de imediato.

Rendimento: 6 porções
Tempo de Preparo: 40 min.

Pimenta-de-Folha

(Piper auritum)

Com até 30 cm de diâmetro, essas folhas acabam sendo de difícil transporte, mesmo quando secas. Nativas do México, onde são conhecidas também por *hoja santa*, que significa folha santa, possuem um aroma agradável, que mescla nuances de erva-doce, noz-moscada e pimenta-do-reino preta. Seu sabor é forte, mas de pungência suave.

Por ser uma planta regional, é empregada praticamente apenas em receitas mexicanas, tais como ensopados, cozidos, tamales e peixes. Esse acentuado regionalismo faz com que os ingleses a chamem de *mexican pepperleaf* e os franceses de *poivre mexicain*.

Grau de Picância

Tamanho Médio: **30 cm**

Cozido à Base de Pimenta-de-Folha

Ingredientes

1 kg de carne de sol cortada em pedaços / 1 cebola grande picada / 4 dentes de alho picados / 4 colheres (sopa) de óleo / 1 kg de músculo bovino / 750 g de linguiça de lombo de porco cortada em rodelas grossas / 300 g de toucinho defumado, em pedaços / 2 litros de água / 500 g de mandioca picada em cubos / 500 g de abóbora picada em cubos / 1 repolho pequeno picado em cubos / 6 jilós cortados em 4 partes / 6 cenouras cortadas em rodelas / 4 bananas-da-terra cortadas em rodelas / 4 batatas médias em picadas em cubos / 4 batatas-doces cortadas em cubos / sal a gosto / 3 folhas verdes de pimenta-de-folha / 200 g de farinha de mandioca crua

Modo de Preparo

Deixe a carne de sol de molho, por 30 minutos, em água fria. Em seguida, descarte essa água e afervente a carne. Reserve.

Coloque em uma panela a cebola, o alho e o óleo. Deixe fritar um pouco. Junte o músculo, a carne de sol, a linguiça e o toucinho e frite até dourar. Acrescente os 2 litros de água, deixando cozinhar em fogo lento, até que as carnes estejam macias. Prove o sal.

Junte aos poucos, a mandioca, a abóbora, o repolho, os jilós, as cenouras, as bananas-da-terra e as batatas. Acrescente mais água se necessário e prove o sal. À medida que os legumes ficarem cozidos, retire-os e reserve-os.

Ao caldo que ficou na panela, junte as folhas verdes de pimenta-de-folha e deixe ferver por 2 minutos – retire-as e reserve. Prove novamente o sal.

Em fogo lento, vá incorporando, aos poucos, a farinha de mandioca ao caldo, mexendo sem parar, até obter um pirão transparente e mole. Quando estiver pronto, corte bem finas as pimentas-de-folha e coloque sobre o pirão. Arrume as carnes e os legumes em uma mesma travessa, e o pirão, em outra. Sirva a seguir.

Rendimento: 20 porções
Tempo de Preparo: 1 hora e 40 min.

Pimenta Longa

(Pipper longum ou Pipper retrofractum)

De sabor ao mesmo tempo doce e pungente, a pimenta-longa certamente era usada na Europa muito antes da chegada da pimenta-do-reino e é chamada, no inglês, de long pepper, em francês, de poivre long e, no alemão, por langer pfeffer.

Durante o Império Romano, custava três vezes mais do que a pimenta-do-reino, pois se adequava perfeitamente à culinária romana. Seu sabor torna-a ideal para molhos à base de vinho e em queijos temperados. Na Índia, é também muito apreciada em picles e, nas regiões Norte e Leste da África, figura em pratos sofisticados, como os da cozinha marroquina, e em pratos tradicionais da Etiópia, como cozidos de carnes com noz-moscada, cravo e cúrcuma.

Grau de Picância

Tamanho Médio: **4,5 cm**

Farfalle ao Salmão e Pimenta Longa

Ingredientes

200 g de macarrão tipo farfalle
1/2 pote de *cream cheese light* (100 g)
1 copo de iogurte natural desnatado
1 xícara (chá) de ervilhas frescas
suco de 1 limão
1 colher (chá) de pimenta longa moída
sal a gosto
100 g de salmão defumado cortado em tiras
folhas de dill para decorar

Modo de Preparo

Em uma panela grande com bastante água fervente e sal, cozinhe a massa até ficar *al dente*. Enquanto isso, coloque o *cream cheese* e o iogurte em uma frigideira, junte a ervilha e tempere com o suco de limão, a pimenta longa e o sal. Leve ao fogo até ferver.

Escorra a massa e despeje na frigideira. Misture rapidamente. Acrescente o salmão e verifique o tempero. Decore com as folhas de dill e sirva em seguida.

Rendimento: 2 porções
Tempo de Preparo: 40 min.

Pimenta-do-Reino Branca
(Pipper nigrum)

Originalmente, os grãos da pimenta-do-reino são verdes e, para se tornarem brancos, precisam passar por um processo que consiste em ensacá-los e deixá-los imersos em água – de preferência, límpida e corrente. Após uma ou duas semanas – o prazo varia conforme o grau de maturação das sementes colhidas –, as cascas ficam amolecidas e podem ser facilmente removidas da parte central das sementes. É hora de tirá-las dos sacos, lavá-las e submetê-las a uma cuidadosa secagem em fornos ou ao sol. Sem esse cuidado, elas podem adquirir um desagradável cheiro de estrume. A partir daí, estão prontas para o consumo, seja em grãos ou moídas, de acordo com a receita.

Grau de Picância

Tamanho Médio: *0,7 cm*

Corniccione ao Sabor da Pimenta-do-Reino Branca

Ingredientes

Massa
2 tabletes de fermento biológico (30 g)
1 colher (chá) de açúcar
1 colher (chá) de sal
2 colheres (sopa) de aguardente
1 colher (chá) de azeite
1 colher (chá) de pimenta-do-reino branca moída
300 ml de água morna
650 g de farinha de trigo

Cobertura
2 colheres (sopa) de azeite
1 colher (sopa) de folhas de orégano fresco
1 pitada de sal
200 g de parmesão ralado grosso
1 colher (chá) de pimenta-do-reino branca em grãos

Modo de Preparo

Massa
Dissolva o fermento com o açúcar e o sal. Junte a aguardente, o azeite, a pimenta-do-reino branca, sempre mexendo, acrescente a água e a farinha de trigo. Depois de bem misturado, deixe em local seco e quente por 30 minutos. Abra a massa em vários discos. Reserve.

Cobertura
Misture bem o azeite com o orégano e o sal e, com um pincel, espalhe-os sobre cada disco de massa. Salpique o queijo parmesão e a pimenta em grãos. Leve para assar por cerca de 10 a 15 minutos, em temperatura média.

Rendimento: 10 porções
Tempo de Preparo: 1 hora e 10 min.

Pimenta-do-Reino Preta
(Pipper nigrum)

*S*eu preparo envolve a simples secagem das sementes em fornos ou ao sol. Tanto na Europa quanto nos Estados Unidos, ela é comercializada inteira ou moída. E há muitas variações quanto aos diferentes graus de moagem. No Brasil, é popular a versão mais fina de todas, o que gera controvérsias, pois, embora não exista comprovação, há quem afirme que esse pó finíssimo pode aderir às paredes do estômago, prejudicando a saúde. De qualquer modo, o risco é afastado quando as sementes são processadas em moedores caseiros, que proporcionam grãos maiores, de grande aroma e sabor. Aliás, para preservar o bouquet do fruto e dar um toque especial aos pratos, o melhor é realmente moê-lo na hora. No inglês, a pimenta-do-reino preta é conhecida como black pepper. Os franceses a chamam simplesmente de poivre, os alemães de pfeffer e, nos países de língua espanhola, é pimienta.

Grau de Picância

Tamanho Médio: *0,6 cm*

Filé de Cordeiro ao Molho de Carambola em Pimenta-do-Reino Preta

Ingredientes

4 porções de filé de cordeiro
2 colheres (chá) de sal
2 colheres (chá) de pimenta-do-reino preta
1 cebola grande picada
4 colheres (sopa) de manteiga
3 carambolas picadas
1 tablete de caldo de carne
1 dose de vodca
1 xícara (chá) de suco de acerola
2 colheres (chá) de salsa picada

Modo de Preparo

Tempere os filés com o sal e a pimenta. Grelhe os medalhões em chapa ou frigideira quente e reserve.

À parte, refogue a cebola na manteiga e junte a carambola. Acrescente o caldo de carne, a vodca, o suco de acerola e deixe ferver em fogo baixo até reduzir e engrossar.

Desligue e misture a salsa. Sirva sobre os filés acompanhados de tomates recheados ou arroz com pistache.

Rendimento: 4 porções
Tempo de Preparo: 35 min.

Pimenta-do-Reino Rosa

(Pipper nigrum)

A pimenta-do-reino rosa nada mais é do que o grão maduro da pimenta-do-reino. A cor avermelhada que ele atinge nessa fase faz com que, muitas vezes, seja confundido com a semente da aroeira – mas o sabor e o aroma de ambos são bem diferentes.

A pimenta-do-reino rosa é vendida seca ou em salmoura e marca presença na culinária francesa e brasileira – o Brasil, aliás, é um dos seus maiores produtores mundiais.

Grau de Picância

Tamanho Médio: **0,7 cm**

Pescada em Crosta de Pimenta-do-Reino Rosa

Ingredientes

Peixe
4 filés de pescada branca (600 g) com pele / sal e limão / 4 colheres (sopa) de pistache picado / 2 colheres (sopa) de pimenta-do-reino rosa / 2 colheres (sopa) de óleo de milho

Vinagrete
1 cebola média picada em cubos pequenos / 3/4 de xícara (chá) de azeite extra-virgem / 2 tomates em cubos sem pele e sem sementes / 3 colheres (sopa) de gengibre em lâminas finas / 1 colher (sopa) de óleo de milho / 1 colher (sopa) de vinagre de vinho branco / 1/2 colher (sopa) de mel / 1/2 colher (sopa) de tomilho fresco / 1/2 colher (sopa) de manjericão picado / 1/2 colher (sopa) de salsa picada / 2 colheres (sopa) de cebolinha picada / sal a gosto

Modo de Preparo

Peixe
Corte os filés no sentido diagonal e tempere com gotas de limão e sal. Empane o lado sem pele com uma mistura de pistache picado e pimenta-do-reino rosa. Grelhe em frigideira com óleo, mantendo o lado da pele para baixo. Cubra a frigideira com uma tampa para formar um pouco de vapor. Retire os filés quando estiverem cozidos, mas ainda úmidos. Reserve.

Vinagrete
Refogue a cebola no azeite, junte o tomate e desligue. Em outra frigideira, doure o gengibre no óleo de milho e escorra. Junte todos os ingredientes do vinagrete e mexa bem. Amorne na hora de servir juntamente com o peixe.

Rendimento: 4 porções
Tempo de Preparo: 35 min.

Pimenta-do-Reino Verde

(Pipper nigrum)

Sua cor verde deve-se ao fato de os grãos serem mantidos em estado natural, sem passar por processos de secagem ou lavagem. Costumam ser mantidas em salmoura, mas também podem ser desidratadas – o que as deixa com tamanho reduzido e casca rugosa – ou ainda liofilizadas –, que não prejudica o tamanho dos grãos nem a textura da casca, mas atenua a coloração verde.

Um dos pratos mais famosos da cozinha internacional inclui a pimenta verde em seu preparo: é o famoso steak poivre verte, de origem francesa.

Grau de Picância

Tamanho Médio: **0,7 cm**

Medalhões de Frango ao Molho de Pimenta-do-Reino Verde

Ingredientes

Molho de Pimenta-do-Reino Verde
1 colher (sopa) rasa de óleo de gergelim
1 colher (sopa) de cebola ralada
3 dentes de alho pequenos esmagados
1 colher (sopa) de gengibre fresco ralado
1 xícara (chá) de molho shoyu
1/2 xícara (chá) de saquê japonês licoroso
2 colheres (sopa) de açúcar mascavo
2 colheres (sobremesa) de pimenta-do--reino verde
sal a gosto

Medalhões
4 medalhões de filé de frango cortados com ajuda de um cortador de massas (400 g)
sal a gosto

Modo de Preparo

Molho
Em uma panela pequena, coloque o óleo de gergelim e frite a cebola, o alho e o gengibre. Abaixe o fogo e acrescente os demais ingredientes somente para aquecê-los. Por último, coloque a pimenta-do-reino verde, desligue o fogo e reserve.

Medalhões
Tempere os medalhões com um pouco de sal e grelhe-os. Cubra-os com o molho e sirva a seguir.

Rendimento: 4 porções
Tempo de Preparo: 35 min.

Capítulo 4

Falsas Pimentas

Algumas sementes, bagas, frutos e até folhas popularmente conhecidas como "pimentas" na verdade, não pertencem nem à família das Piperáceas nem à dos Capsicum. Boa parte dessas "falsas pimentas", no entanto, são extremamente importantes na culinária mundial, enquanto outras são de uso apenas regional. Também em relação ao seu poder de conferir picância aos pratos, elas variam bastante. Algumas, de fato, cumprem bem essa função, mas outras tantas têm papel apenas ornamental. De qualquer forma, vale a pena conhecer suas principais representantes.

- Fagara
- Grãos-do-Paraíso
- Jamaica
- Pimenta-de-Macaco
- Pimenta Rosa
- Pimenta Síria
- Pimenta-da-Tasmânia

Fagara
(Zanthoxylum piperitum)

A fagara é a baga seca de um pequeno freixo espinhoso nativo da China. Suas sementes, nas cores preta ou marrom, são conhecidas comercialmente como pimenta sishuan ou pimenta-chinesa. Os países de língua inglesa a conhecem como sichuan pepper, enquanto os franceses a chamam de poivre du sichuan. Muito aromáticas, apresentam um leve toque cítrico e eram o único elemento de sabor picante disponível na China até o ano de 1.500, época em que as pimentas tipo Capsicum finalmente chegaram àquele país.

Ela é essencial na famosa mistura chinesa das cinco especiarias, que incluem o anis-estrelado, o cravo-da-índia, o funcho e a cássia. Para serem usadas, as bagas devem ser torradas e moídas.

Grau de Picância

Tamanho Médio: *0,6 cm*

Filés de Frango ao Molho Fagara

Ingredientes

2 peitos de frango sem pele e sem osso
1 clara de ovo
2 colheres (chá) de amido de milho
1/2 colher (chá) de sal
2 colheres (sopa) de feijão rajado cozido
1 colher (sopa) de molho de soja
1 colher (chá) de açúcar mascavo
1 colher (sopa) de vinho xerez
1 colher (sopa) de vinagre de vinho tinto
4 dentes de alho esmagados
2/3 de xícara (chá) de caldo de galinha
3 colheres (sopa) de óleo
1 colher rasa (sobremesa) de pimenta fagara moída
3 colheres (sopa) de folhas inteiras de coentro

Modo de Preparo

Corte os peitos de frango em cubos médios. Bata a clara em neve, acrescente o amido de milho e o sal e continue batendo por 2 minutos. Junte o frango, mexa e reserve.

Em uma travessa, amasse o feijão cozido, adicione o molho de soja, o açúcar mascavo, o vinho xerez, o vinagre, o alho e o caldo de galinha. Misture bem e reserve.

Em uma panela grande, aqueça o óleo e frite o frango até cozinhar, polvilhando a pimenta fagara.

Despeje a mistura de feijão e deixe aquecer. Passe para um refratário, decore com as folhas de coentro e sirva a seguir.

Rendimento: 5 porções
Tempo de Preparo: 35 min.

PIMENTAS COM SUAS RECEITAS

Grãos-do-Paraíso
(Aframomum melegueta)

As sementes chamadas de grãos-do-paraíso têm mais ou menos 3 mm de espessura e sua cor é marrom-avermelhada. Elas nascem dentro de uma baga, de onde se retiram várias sementes. Seu sabor é picante, porém suave, com um leve amargor. É nativa da costa oeste da África, mais precisamente da Nigéria, da Libéria e de Gana. Além de ser utilizada como especiaria, ela tem a propriedade de aquecer o corpo quando é mascada. Fica excelente em diversos pratos marroquinos e tunisianos, além de proporcionar um toque picante e exótico às mais variadas receitas. Bastante conhecidas, essas sementes recebem tradução em diferentes idiomas: no inglês, são chamadas de guinea grains, grains of paradise ou melegueta pepper; os franceses as denominam graines de paradis enquanto os italianos as chamam de grani de melegueta. No alemão, é melegueta pfeffer e, no espanhol, simplesmente malagueta.

Grau de Picância

Tamanho Médio: *0,3 cm*

Peras ao Vinho com Grãos-do-Paraíso

Ingredientes

4 peras
2 cravos-da-índia
1 canela em rama de tamanho médio
1/2 garrafa de vinho tinto seco
1 1/2 xícara (chá) de açúcar
4 grãos-do-paraíso

Modo de Preparo

Descasque as peras, conservando o cabo. Corte-as na base, deixando-as retas, para que se conservem em pé durante o cozimento. Acomode as peras em uma panela alta e acrescente as especiarias, o vinho, o açúcar e os grãos-do-paraíso. Cozinhe em fogo alto, durante 15 a 20 minutos, até que a calda se reduza à metade. Espere esfriar e conserve em compoteira de vidro.

Rendimento: 4 porções
Tempo de Preparo: 30 min.

PIMENTAS COM SUAS RECEITAS

Jamaica
(Pimenta dioica)

*F*ortemente aromática, tem um sabor que mescla nuances de cravo-da-índia, canela e noz-moscada, acrescidas de uma ligeira picância. Tornou-se muito conhecida na Europa logo após a primeira expedição de Cristóvão Colombo, que levou um carregamento desse tempero para o velho continente. Seu formato lembra a pimenta-do-reino e, provavelmente, foi por esse motivo que ela começou a ser chamada de pimenta, não apenas em língua portuguesa, mas também em vários idiomas – na França, por exemplo, é conhecida como **poivre aromatique** e **piment jamaique**. Para os espanhóis é **pimienta de jamaica** e, no inglês, **allspice**. É chamada ainda de **pimenta dioica**.

Grau de Picância

Tamanho Médio: *0,9 cm*

150

Conchiglie ao Molho de Pimenta Jamaica

Ingredientes

2 colheres (sopa) de azeite
2 dentes de alho picados
2 latas de tomate pelado picado
1 xícara (chá) de suco de laranja
1 colher (chá) de casca de laranja ralada
1 colher (chá) de pimenta jamaica em pó
200 g do macarrão de sua preferência
sal e manjerona fresca a gosto

Modo de Preparo

Em uma panela, aqueça o azeite e refogue o alho até começar a dourar. Junte o tomate e o suco de laranja e cozinhe por 15 minutos, mexendo de vez em quando, até que o molho fique bem encorpado. Adicione a raspa de laranja e a pimenta jamaica. Reserve.

Cozinhe a massa em um caldeirão com bastante água fervente e sal, até ficar *al dente*. Escorra e sirva com o molho. Decore com manjerona fresca.

Rendimento: 3 porções
Tempo de Preparo: 40 min.

Pimenta-de-Macaco

(*Xylopia aromatica*)

Trata-se de uma semente escura e rugosa, originária de uma árvore que atinge 6 m de altura. Também conhecida como pimenta-de-negro, pertence à família das anonáceas, sendo portanto, parente da pinha e da graviola.

Nasce espontaneamente na região do cerrado brasileiro, que abrange os estados de Minas Gerais, Goiás, Mato Grosso e parte de São Paulo. Apesar de bastante aromática e saborosa, ainda é pouco conhecida fora da culinária regional desses lugares. Sua melhor aplicação é como substituta da pimenta-do-reino.

Grau de Picância

Tamanho Médio: *0,5 cm*

Abadejo ao Sabor da Pimenta-de-Macaco

Ingredientes

150 g de batatas
1 bulbo de erva-doce
450 g de abadejo em filés
150 g de cogumelos frescos
alecrim e manjericão frescos
1 limão tipo siciliano em rodelas
1 colher (sobremesa) de pimenta-de-macaco moída
1 xícara (chá) de vinho branco seco
2 colheres (sopa) de azeite de oliva
sal grosso a gosto

Modo de Preparo

Cozinhe as batatas e a erva-doce cortada em pedaços e reserve.

Em um refratário, disponha em camadas os filés de peixe, as batatas, a erva-doce, os cogumelos e as ervas grosseiramente picadas.

Acrescente as rodelas de limão, salpique a pimenta-de-macaco, regue com o vinho, o azeite e o sal grosso. Asse em forno alto por 20 minutos.

Rendimento: 5 porções
Tempo de Preparo: 40 min.

Pimenta Rosa

(Schinus terebinthifolius)

Nativa da América do Sul, é muito confundida com a pimenta-do-reino rosa, embora tenha aroma e sabor totalmente diferentes. Suas sementes são colhidas da aroeira – uma árvore típica de vegetação atlântica e que pode atingir 6 m de altura. Encontra grande aplicação na cozinha da região do Mediterrâneo, onde é usada como tempero em pratos à base de peixes. Também a culinária japonesa valoriza sua bela aparência e, muitas vezes, a utiliza apenas como ornamento, sobretudo em saladas. Na sua versão em pó, a pimenta rosa é conhecida pelo nome de sancho. Já bastante difundida, é chamada, no inglês, de pink pepper. O idioma francês a denomina poivre rose, e o espanhol, pimienta rosa.

Tamanho Médio: **0,6 cm**

Linguado à Pimenta Rosa

Ingredientes

- 200 g de mussarela de búfala
- 3/4 de xícara (chá) de azeite
- 1/4 de xícara (chá) de suco de limão
- sal e pimenta-do-reino a gosto
- 4 filés de linguado de aproximadamente 200 g cada
- 4 colheres (sopa) de farinha de trigo
- 1 abacate firme e maduro cortado em lâminas
- suco de 1 limão para o abacate
- 1 colher (sopa) de pimenta rosa
- 2 colheres (sopa) de cebolinha picada

Modo de Preparo

Corte a mussarela de búfala em rodelas finas e tempere com 2 colheres (sopa) do azeite, limão, sal e pimenta-do-reino. Deixe tomar gosto por 10 minutos.

Em uma frigideira antiaderente, aqueça o azeite restante e frite os filés de linguado já temperados com sal e pimenta-do-reino e empanados na farinha de trigo.

Tempere as lâminas de abacate com sal e limão e frite por 1 minuto de cada lado no azeite. Decore o prato com a pimenta rosa e a cebolinha.

Rendimento: 4 porções
Tempo de Preparo: 30 min.

Pimenta Síria

*T*ambém chamada de ba-har, trata-se de uma mistura de especiarias, que leva pimenta jamaica, pimenta-do-reino preta, canela, cravo e noz-moscada.

Tem sabor picante e pode ser usada no preparo de peixes assados e cozidos, no suco de tomate e nos molhos em geral, além de ser um dos principais ingredientes do quibe e da esfirra árabes.

Grau de Picância

Tamanho Médio: *moída*

Quibe Frito ao Sabor de Pimenta Síria

Ingredientes

Quibe
400 g de trigo para quibe
1 kg de carne moída
2 cebolas picadas
2 dentes de alho socados
sal a gosto
1 colher (sobremesa) de pimenta síria
folhas de hortelã frescas
1/2 copo de iogurte natural

Recheio
300 g de carne moída
1/2 xícara (chá) de manteiga com sal
2 cebolas médias bem batidinhas
1 colher (sobremesa) de pimenta síria
sal a gosto
1 xícara (chá) de nozes moídas
salsa e cebolinha frescas bem picadinhas

Modo de Preparo

Quibe
Deixe o trigo para quibe de molho em água fria por 2 horas. Coe e acrescente os demais ingredientes, amassando bem. Modele os quibes em formato oval e faça um furo no meio, por onde colocar o recheio.

Torne a modelá-los e frite em óleo quente.

Recheio
Frite bem a carne moída na manteiga, acrescente a cebola, a pimenta síria e o sal. Desligue o fogo e acrescente as nozes moídas, a salsinha e a cebolinha.

Espere esfriar e aplique.

Rendimento: 12 porções
Tempo de Preparo: 2 horas e 30 min.

Pimenta-da-Tasmânia

(*Tasmannia lanceolata*)

Popular na Austrália e na Tasmânia, pode ser considerada uma valiosa contribuição da Oceania para a culinária mundial. Suas bagas secas lembram as da pimenta-do-reino em tamanho e cor. A semelhança, porém, acaba aí, pois a pimenta-da-tasmânia é pelo menos dez vezes mais picante do que a outra. Além das bagas, também as folhas moídas podem ser utilizadas no preparo dos pratos, sem qualquer prejuízo para o aroma ou o sabor. Inicialmente, seu gosto é bastante suave, mas logo adquire uma intensa pungência, com uma nota cítrica que remete ao saboroso efeito da fagara. Nos países de língua inglesa, ficou conhecida como tasmanian pepper ou mountain peper. Já os franceses a chamam de poivre indigene, e os alemães, de tasmanischer pfeffer.

Grau de Picância

Tamanho Médio: **0,9 cm**

Consomé de Alho-Poró com Pimenta-da-Tasmânia

Ingredientes

500 g de batatas
500 g de alho-poró
1 litro de água
3 tabletes de caldo de legumes
1 xícara (chá) de creme de leite fresco
1 cebola média picada
1 colher (sopa) de manteiga
1 colher (sobremesa) de pimenta-da-tasmânia moída
Sal a gosto, se necessário

Modo de Preparo

Corte em rodelas as batatas e o talo do alho-poró, descartando as folhas. Leve a água para ferver, coloque o alho-poró, as batatas e os tabletes de caldo de legumes.

Deixe cozinhar em fogo lento, até que os legumes estejam macios, acrescente o creme de leite e deixe ferver por mais 10 minutos, aproximadamente.

À parte, frite a cebola na manteiga e acrescente a pimenta-da-tasmânia moída. Misture ao caldo e acerte o sal. Sirva com *croutons*.

Rendimento: 5 porções
Tempo de Preparo: 50 min.

Índice de Receitas

Almôndegas Picantes ao Arbol............................27

Carne em Tiras com Pimenta-Caiena..................29

Pizza de Vegetais e Pimenta-Cereja 31

Nozes Picantes ao Fresno 33

Quibe de Cebola ao Jalapeno 35

Panquecas Recheadas com Abóbora e Mirasol.....37

Mexilhões em Molho de Pimenta Mulata.............39

Torta de Queijo com Mushroom 41

Pimentas Recheadas à Moda do Novo México 43

Bruschetta Alla Pepperoncino 45

Bolinhos de Frutos do Mar ao Molho Peter 47

Molho de Pimenta-de-Mesa para Fondue 49

Pão com Pepperoni Tricolori 52

Terrina de Pimentão Roxo.................................53

Pimentão Verde Recheado ao Suco de Tomates.....54

Musseline de Pimentão Vermelho........................55

Chilli Piquin com Carne 57

Arroz Poblano com Especiarias 59

Couve-Flor Serrano 61

Guacamole ao Wax Picante 63

Peixe no Vapor ao Sabor do Aji Amarelo 67

Pimentas Relleño Cambuci 69

Pilaf de Ervilhas ao Molho de Pimenta Cumari 71

Trufas de Chocolate com Pimenta Dedo-de-Moça.....73

Molho de Pimenta Peito-de-Moça para Ostras........75

Molho Maravilhoso de Pimenta Fina..................77

Chutney de Pimenta Pitanga.............................79

Batatas à Cabacinha...83

Pastéis Chora-Menino 85

Cumari-do-Pará em Risoto 87

Porco à Habanero...89

Canjica de Milho à Murupi...............................91

Índice de Receitas

Suflê de Pimenta-de-Biquinho com Parmesão......93

Hot Potato à Pimenta-de-Bode.................................95

Frango à Pimenta-de-Cheiro e Basílico 97

Pimenta-de-Cheiro-do-Norte em Carne Grelhada.....99

Frango à Scotch Bonnet..101

Vatapá com Malaguetas..105

Pimentas-de-Passarinho com Champignons 107

Tomates ao Forno com Tabasco..............................109

Rocoto ao Fígado com Pirão de Farinha de Mandioca115

Vinagre com Pimenta...119

Pimenta em Pasta 119

Ice Cream Pepper...120

Geleia de Pimenta..120

Picles de Pimentas 121

Pimenta-de-Cheiro em Conserva 123

Salsa Tradicional Mexicana.............................125

Risoto à Pimenta Cubeba................................131

Cozido à Base de Pimenta-de-Folha 133

Farfalle ao Salmão e Pimenta Longa 135

Corniccione ao Sabor da Pimenta-do-Reino Branca137

Filé de Cordeiro ao Molho de Carambola e
Pimenta-do-Reino Preta..................................139

Pescada em Crosta de Pimenta-do-Reino Rosa......141

Medalhões de Frango ao Molho de
Pimenta-do-Reino Verde..................................143

Filés de Frango ao Molho Fagara.....................147

Peras ao Vinho com Grãos-do-Paraíso 149

Massa ao Molho de Pimenta Jamaica 151

Abadejo ao Sabor da Pimenta-de-Macaco..........153

Linguado à Pimenta Rosa 155

Quibe Frito ao Sabor da Pimenta Síria.............157

Consomé de Alho-Poró com Pimenta-da-Tasmânia..159

Índice Remissivo

A
Aji amarelo 66
Aji amarilo 66
Allspice 150
Anaheim 42
Ancho 58, 119
Arbol 26
Aroeira 140, 154

B
Ba-har 156
Bell pepper 51, 119
Bico-de-Pássaro 26
Black pepper 138

C
Cabacinha 82
Caiena 28, 119
Calabresa 72, 119
Cambuci 68
Cayenne 28, 119
Cereja 30
Cereja-jerusalém 30
Cerosa 62
Chapéu-de-frade 68
Cherry 30
Chifre-de-veado 72
Chili 26, 119
Chiltepin 119
Chipotle 34
Chora-menino 84
Comari 70
Cubeb pepper 130
Cubeba 130
Cumari amarela 86
Cumari-do-pará 86
Cumari verdadeira 70, 86
Cumbari 70

D
Dedo-de-moça 72, 119,120

E
Eclipse 42

F
Fagara 146, 158
Fidalga 82
Fresno 32

G
Graines de malaguete 148
Graines de paradis 148
Grani de melegueta 148
Grãos-do-paraíso 148
Guinea grains 148

H
Habanero 88, 100
Hoja santa 132

J
Jalapeno 32, 34
Jamaica 150, 156
Jawa pepper corn 130

K
Kubebenpfeffer 130

L
Larger pfeffer 134
Long pepper 134

M
Malagueta 104, 119
Malaguetão 104
Malaguetinha 104
Melegueta pepper 148
Meleguetta pfeffer 148
Mexican pepperleaf 132
Mirasol 36
Mountain pepper 158
Mulata 38
Murupi 90
Murupi grande 90
Murupizinho 90
Mushroom 40

162

Índice Remissivo

N
New mexican 42
Novo méxico 42, 119
Numex 42
Numex sunset 42

P
Paparka 121
Páprica 51, 121
Peito-de-moça 74
Pepperoncino 44, 119
Penis pepper 46
Pequin 119
Peter 46
Piment jamaique 150
Pimenta-de-biquinho 92
Pimenta-de-bode 94
Pimenta brava 119
Pimenta-do-caribe 32
Pimenta-cavalo 112
Pimenta-cera 32
Pimenta-de-cheiro 86, 96
Pimenta-de-cheiro-do-norte 98
Pimenta chinesa 146
Pimenta-cogumelo 40
Pimenta dioica 150
Pimenta fina 76
Pimenta-de-folha 132
Pimenta-da-jamaica 156
Pimenta longa 134
Pimenta-maçã 112
Pimenta-de-macaco 152
Pimenta-de-mesa 48
Pimenta-mosquito 119
Pimenta-de-negro 152
Pimenta-pera 112

Pimenta-de-passarinho 56, 106, 119
Pimenta-de-rabo 130
Pimenta-do-reino branca 136
Pimenta-do-reino rosa 140, 154
Pimenta-do-reino preta 138, 156
Pimenta-do-reino verde 142
Pimenta rosa 154
Pimenta síria 156
Pimenta-da-tasmânia 158
Pimenta verde 60
Pimenta vermelha 28, 72, 119, 120
Pimentão 51, 121
Pimienta 138, 156
Pimienta de jamaica 150
Pimienta rosa 154
Pink pepper 154
Piperka 121
Piquin 56, 119
Piripiri 28, 119
Pitanga 78
Poblano 58, 119
Poivre aromatique 150
Poivre indigine 158
Poivre de java 130
Poivre long 134
Poivre mexican 132
Poivre pfeffer 138
Poivre rose 154
Poivre du sichuan 146

R
Rabo-de-Rato 26
Rocoto 112

S
Sancho 154
Scotch bonnet 88, 100
Serrano 60
Sishuan pepper 146
Sweet purple pepper 38

T
Tabasco 108, 119, 125
Tasmania pepper 158
Tasmanicher pfeffer 158

W
Wax 62

163

Editora Boccato
Edição: André Boccato
Coordenação Geral: Maria Aparecida C. Ramos
Edição de Arte: Eduardo Schultz e Maurício Sacrini
Fotografias: Boccato, Estúdio Fotográfico – Paulo Bau
Produção: Airton Pacheco
Pesquisa e Desenvolvimento de Receitas: Maria Helena Vieira
Assessoria de Culinária: Aline Leitão
Preparação de Textos e Revisão: Tris Comunicação e TopTexto
Assistente de Coordenação: Paulo Planet
Assistente de Fotografia: José Vicente Armentano
Assistentes de Culinária: Isabela Espíndola, Emiliano Boccato, Daniela Boccato, Ivanir Cardoso
Assistentes Administrativos: Soeli N. Santos, Cenair Streck
Colaborador: Prof. Ricardo Dell'Antonia

Editora Gaia
Diretor editorial: Jefferson L. Alves
Diretor de marketing: Richard A. Alves
Gerente de produção: Flávio Samuel
Coordenadora editorial: Arlete Zebber
Assistente editorial: Ana Carolina Ribeiro

Nº de Catálogo: 2960

Silvestre Silva – fotos das páginas: 48, 76, 96, 106, 152, 154
Embrapa – fotos das páginas: 28, 32, 34, 36, 42, 56, 60, 66,
70, 74, 78, 82, 86, 88, 90, 92, 94, 98, 100, 104, 108, 112
Fuchs Gewürze do Brasil – fotos das páginas: 44, 140, 142
McIlhenny Co. (Tabasco®) – fotos da página: 125
Araujo Sá – Ilustração – página: 127

Coordenação de Eventos e Exposições: Gisele Linguanotto
Assessoria de Imprensa: Lúcia Paes de Barros
Concepção do Projeto Gráfico da Coleção: Atlanta Propaganda

Impressão: Escolas Profissionais Salesianas

Peças e objetos das fotos:

Art Mix - (11) 3064-8991

Atelier Mônica Mariano - Tel. (11) 5687-4544

Bydesign - Tel. (11) 3064-9600

Camicado Presentes - Tel.(11) 5183-2646

Caroline Harari - Cerâmica -Tel. (11) 3816-3712

Cecília Dale Cestas & Presentes -Tel. (11) 3064-2644

Helvétia House Presente e Decoração – Tel. (11) 3559-8449

Jorge Elias Boutique - Tel. (11) 3086-0096

L'oeil - Tel. (11) 3897-8787

M. Dragonetti Utensílios de Cozinha - Tel. (11) 3846-8782

Mercado Municipal de São Paulo - Tel. (11) 3326-5428

Nelise Ometto Atelier de Cerâmica - Tel. (11) 3813-2395

Porcelana Schmidt - Tel. (11) 4191-5004

Roberto Simões Presentes - 0800-7709155

Spïcy - Tel. (11) 3062-8377

Stella Ferraz Cerâmica - Tel. (11) 3841-9368

Trends - Tel. (11) 3891-0379

Suxxar - Tel. (11) 3842-3200

Zona D - Tel. (11) 3082-1769

Cor do Sol - Tel. (11) 3088-5295 459

Depósito Santa Fé - Tel. (11) 3078-0982

© Copyright Boccato Editores / Nelusko Linguanotto Neto

As receitas aqui apresentadas são de propriedade da Boccato Editores e de Nelusko Linguanotto Neto, não podem ser reproduzidas (sob qualquer forma impressa ou digital) sem ordem expressa do detentores das mesmas. Todas as receitas foram testadas, porém sua execução é uma interpretação pessoal. As imagens fotográficas são ilustrações artísticas, não reproduzindo necessáriamente as proporções das receitas: assim a Boccato Editores e o autor não se responsabilizam por eventuais diferenças na execução.

Nelusko Linguanotto Neto
nelo@bombayfoodservice.com.br

Editora Boccato (Gourmet Brazil)
Rua dos Italianos, 845 – Bom Retiro – Cep 01131-000
São Paulo – SP – Brasil – (11) 3846-5141
www.boccato.com.br – www.cooklovers.com.br
contato@boccato.com.br

Editora Gaia LTDA.
(pertence ao grupo Global Editora e Distribuidora Ltda.)
Rua Pirapitingui, 111-A - Liberdade 01508-020
São Paulo - SP - Brasil (11) 3277-7999
www.globaleditora.com.br - gaia@editoragaia.com.br